Amaury Cordeiro de Oliveira

Gestão de Negócios
Uma visão sistêmica

Capa e projeto gráfico: Paulo Cordeiro
Revisão: Fett Text Bureau

Dados Internacionais de Catalogação na Publicação (CIP)
(Câmara Brasileira do Livro, SP, Brasil)

Oliveira, Amaury Cordeiro de

Gestão de Negócios/Amaury cordeiro de Oliveira.

Florianópolis-SC – Clube de Autores, 2015

Inclui Bibliografia
ISBN 978-85-918018-0-0

1. Administração 2. Administração de empresas 3. Negócios 4. Organizações I. Título

14-08543 CDD 658

Índices para catálogo sistemático:

1. Gestão de Negócios 658
2. Organizações: Administração de Empresas 658

2

SUMÁRIO

AGRADECIMENTOS

Quero registrar meus agradecimentos aos amigos **Luiz Triches, Milton Calegari** e **Fernando Krieger** pelo incentivo, sugestões e contribuições.

INTRODUÇÃO

Este trabalho é resultado de minha vivência praticando os fundamentos da Gestão. Embora voltado para empresas privadas, todo o conteúdo com pequenos ajustes também pode ser aplicado às empresas públicas e instituições não lucrativas.

Antes de continar gostaria de informá-los que este livro estava pronto para publicação em 2014, mas a crise que atingiu todos os setores da economia brasileira, atrasou o projeto em 3 anos.

Nao vi necessidade de fazer uma revisão, porque os conceitos e técnicas de gestão abordados, permanecem as mesmas. O que mudou foi a aplicação das ferramentas, tornando mais prática a sua aplicação nos processos, dada a quantidade de aplicativos desenvolvidos neste período e os avanços nos mecanismos de comunicação.

Os temas que vamos discorrer, são tratados com leveza e praticidade, mostrando que, para aplicar os conceitos básicos de Gestão, não precisamos ser PhD (até podemos ser, mas nada garante que um PhD possa ser um bom administrador) até porque a maioria dos grandes administradores de empresas do mundo é autodidata.

Vamos relembrar os conceitos, analisar os métodos e técnicas atuais, numa linguagem concisa e de fácil compreensão, destinada principalmente aqueles Gestores que não dispõem de sofisticados recursos de tecnologia de gestão presente nas grandes companhias, mas que gostariam de transformar as práticas de suas empresas para se transformar numa organização exitosa.

Procurarei expor de forma objetiva que gerir um negócio, embora seja uma arte difícil, complexa e arriscada, seus fundamentos são simples, diria até óbvios, mas que exige muita disciplina na sua aplicação. Segundo Joan Magretta, a Gestão, vista a distância, parece tratar de um assunto de economia ou engenharia, mas olhando de perto é uma ciência humana. O sucesso de sua aplicação depende fundamentalmente da habilidade de cada um no trato com as pessoas, pois são elas que operam os processos para entrega da proposta de valor ao cliente.

Ao transcrever as ideias neste trabalho, percebi que cada capítulo daria um livro específico dado à riqueza de situações e ângulos que poderíamos explorar no universo empresarial. Alguns poderão dizer que faltou aprofundamento, que cada tema foi tratado de maneira superficial, mas nao quis fazer uma imersão nas práticas de cada ramo da disciplina, pois tornaria o texto maçante, cansativo.

O objetivo é dar uma visão geral e sistêmica da arte de gerir negócios, com as suas principais técnicas e ferramentas para despertar o interesse de cada um, não dando exacerbada atenção às árvores em prejuízo da floresta.

Mas em casos reais objeto de consultoria, esgotamos todos os recursos, usando a metodologia e ferramentas com a profundidade necessária para atender à necessidade demandada.
Não apresento exemplos originários de casos reais de empresas, muito comum em livros congêneres. Procurei me desviar deste caminho, por dois motivos:

1º) porque os exemplos citados muitas vezes refletem situações particulares do exterior que nada tem a ver com a nossa realidade. Além disso, já me deparei com casos exaltados como exemplos de boas práticas, fracassadas tempos depois.

2º) embora tenha vivido casos reais de empresas onde trabalhei ou prestei consultoria, procurei também não os expor por razões éticas, portanto os exemplos embora preçam reais, são fictícios.

As vezes menciono determinadas empresas, mas o faço unicamente para ilustrar algum conceito e não para demonstrar exemplos de tratamento de problemas específicos. Portanto, todos os diagramas, gráficos e planilhas e exemplos apresentados, contêm dados absolutamente hipotéticos.

Quando um profissional é contratado por uma empresa, normalmente inicia suas atividades dentro de um processo sem ter a menor noção que aquelas tarefas estão inseridas num conjunto maior de ações, que fazem parte de um amplo sistema de Gestão.

Se esse profissional procurar literatura para se inteirar melhor do que faz e porque faz, encontrará verdadeiros tratados sobre partes do sistema que acaba por prejudicar ou demorar a ter uma visão global de onde está inserido.

Este livro foi escrito para mostrar como funciona este grande sistema e como seus programas, (chamados de processos) trabalham de forma harmônica, integrada e organizada para alcance de seu objetivo.

Nos capítulos 1 e 2 veremos que inicialmente é necessário ter um mínimo de organização e referência pela qual seremos reconhecidos.

No capítulo 3 trataremos da vantagem competitiv, maneira pela qual abordaremos os clientes para conquistar sua preferência.

No capítulo 4 e 5, examinaremos como atingir a excelência de execução através dos processos e pessoas.

E no capítulo 6 como medir os resultados esperados.

Essa visão sistêmica vai contribuir para examinar a contribuição de cada parte, no funcionamento do sistema, identificando os problemas que individualmente precisam ser melhorados para a eficiência do conjunto.

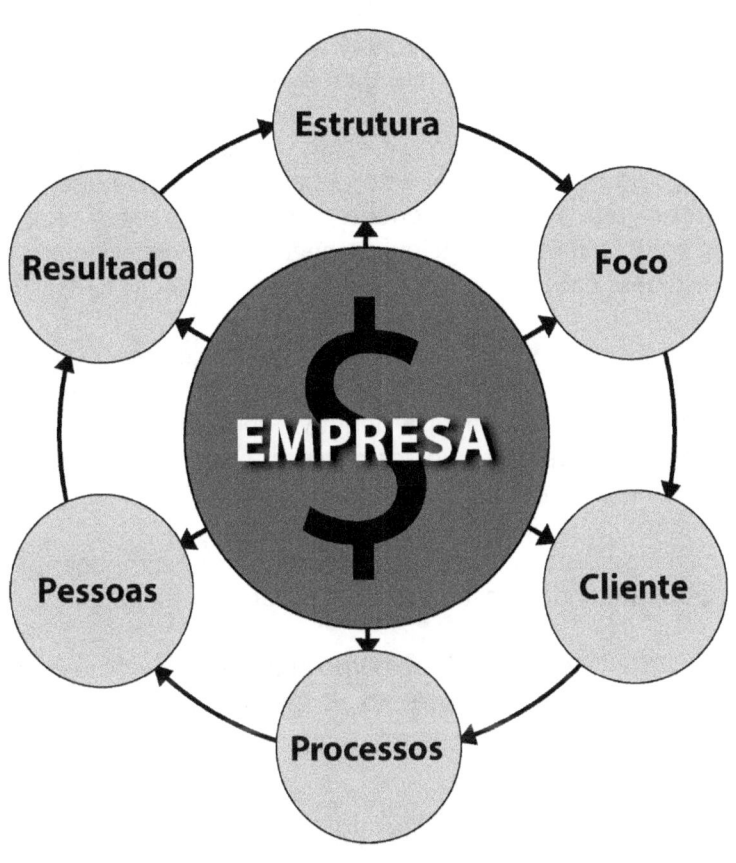

O pensamento sistêmico é a capacidade de compreender de forma ampla a interação entre os diversos componentes que contribuem para a formação do conjunto. É a maneira de entender de forma abrangente, porém generalista, tudo aquilo que afeta a performance do sistema.

Tomemos, por exemplo, o corpo humano: sabendo que o seu objetivo principal é a vida. Conhecendo seus órgãos e de que maneira interagem para que possam alcançar aquele fim, temos uma visão sistêmica da máquina humana.

O mesmo ocorre com a Gestão. Primeiramente, olhamos o negócio de forma geral e depois examinamos de que maneira interagem seus componentes, como se relacionam para garantir o intento principal do negócio que é atender o cliente e ganhar dinheiro.

Por isto, a Liderança deve primeiramente conhecer muito bem o seu negócio, que benefícios proporcionam aos seus clientes, depois fazer uma análise dedutiva do geral para o particular, para conhecer de que forma se interagem para alcançar a eficiência esperada.

Sabendo disto, fica mais fácil identificar qual componente pode estar afetando o resultado e dar o tratamento adequado.

Nesta linha de analogia ao corpo humano, podemos considerar que a *Estratégia* é cérebro. É aquele que vai comandar a existência do negócio.

Vocês vão perceber que darei muita ênfase a este componente no capítulo 3, pois está claro que qualquer empresa terá vida curta se não tiver uma ou várias estratégias competitivas ou então se acomodar, pois o sucesso de uma boa estratégia no presente não garante cadeira cativa no futuro.

Na economia do cliente, nada é eterno, mas uma boa Estratégia sempre leva à sua preferência, a preferência leva a retenção e a retenção permite seguir adiante para obter recursos e assegurar vida longa a empresa.

Enquanto a *Estratégia* é o cérebro, podemos dizer que a Execução é o coração, que trabalha exaustivamente para viabilizar a *Estratégia*. Esta última sempre vai trazer uma bela história apaixonante, mas é a *Execução* que vai garantir a entrega do que foi proposto. Por isto, ambas devem atuar em conjunto, caminhando em paralelo, pois não podemos ter uma excelente *Estratégia* e falhar na *Execução*.

A Execução é suportada por dois pilares: processos e pessoas. Os processos devem ser confiáveis, previsíveis, estáveis, com um mínimo de não conformidades, fluindo continuamente através de uma cadeia de valor.

Pessoas representam os meios sem os quais nada disso será possível. É preciso pensar em Colaboradores capacitados e comprometidos, inspirados numa Liderança sensível, competente, com perfil de servir e não de mandar e controlar.

São os Líderes que constroem a infraestrutura para realização da *Estratégia*, e criam políticas para que as pessoas sejam estimuladas e possam canalizar suas energias para operar os processos de forma eficiente.

Mas se *Estratégia* é o cérebro e a *Execução* é o coração, podemos dizer que o *Resultado* é o pulmão que vai oxigenar o corpo todo, garantindo continuidade ao negócio.

Resultado é a medida financeira de nossa eficiência, representada pelo lucro, que precisa ser suficiente para remunerar adequadamente o investimento feito pelos sócios e permitir que a empresa continue crescendo.

É com esta visão sistêmica que em 6 Capítulos vamos discorrer sobre a Gestão dos Negócios, esperando que os conceitos e técnicas apresentados possam ser bem compreendidos e que sirvam de estímulo para que vocês se aprofundem em cada tema, e possam aplicá-las em em suas atividades profissionais.

1. Estrutura (empresa)
2. Foco (reconhecimento pelo mercado)
3. Cliente (vantagem competitiva)
4. Processos (entrega da proposta)
5. Pessoas (parceria)
6. Resultado (retorno do investimento)

Se restar alguma dúvida, não hesite em me escrever: (amauryoliveira755gmail.com)

Boa Leitura!

1 ESTRUTURA

Uma empresa se caracteriza pelo conjunto de meios técnicos, financeiros e humanos, para cumprir uma finalidade específica de criar e entregar valor a seus clientes gnhando dinheiro com isto.

São instituições organizadas juridicamente e estruturadas por pessoas que conjugam esforços e talento, trabalhando em conjunto para realizar os seus objetivos dificilmente realizados sozinhos, salvo em se tratando de micro negócios.

Na economia de mercado, onde os negócios privados atuam sem interferência do governo, regulada apenas pela livre concorrência e baseada na bússola da oferta e demanda, o sistema oferece uma infinidade de oportunidades, cujas únicas limitações são as regras da lei e da ética. Estas oportunidades se traduzem em modelos de negócio, que, se bem geridos, podem atender uma ou várias necessidades sociais e resultar numa boa fonte de lucros.

Cada empresa pode ter um ou vários modelos de negócios, onde investem recursos financeiros, humanos, tecnológicos e, portanto, almejam sustentabilidade e crescimento, o que só se torna possível através de uma boa Estratégia competitiva e uma eficiente Execução, como já mencionamos.

1.1 Conhecimento gerencial

O sucesso de uma empresa, porém, não depende somente da reunião de um grupo de pessoas bem-intencionadas, com capital, tecnologia e boa vontade. Essas pessoas precisam adquirir conhecimento mesmo que rudimentar do funcionamento de uma organização, de sua missão, de seus valores, de seus objetivos.

Conhecimento gerencial se adquire pensando como Gestor, independentemente do cargo que vá ocupar no organograma. Pensar como Gestor é saber negociar, ter sensatez, equilíbrio, dominar os conceitos, técnicas e ferramentas para aplicar aos processos, ter habilidade no trato com as pessoas e saber gerir finanças. Parece difícil? Sim, é difícil, mas é preciso estudar, e depois ter uma boa dose de determinação, disciplina e bom senso para abrir o caminho.

Vamos aproveitar para esclarecer o significado dos termos "Gestão" e "Gerenciamento". Como diz Sordi, estes termos são frequentemente utilizados como sinônimos. Embora possua o mesmo valor semântico na língua portuguesa, no ambiente de negócios eles apresentam significados distintos. O termo "Gerenciamento" remete às funções de monitoramento e controle, enquanto que "Gestão" está direcionada à habilidade de saber administrar uma atividade de forma ampla. Resumindo, diríamos que "Gerenciamento" está relacionado ao controle ao passo que "Gestão" está relacionada à liderança.

Faz parte também da aprendizagem sobre o conhecimento gerencial saber atuar em conjunto com as pessoas, sejam pares ou subordinados, usando maturidade, franqueza, respeito, seriedade, para criar um clima de confiança, cimento que solidifica o alicerce de qualquer organização e base para solução dos inevitáveis conflitos, que possam vir a comprometer as boas intenções iniciais.

1.2 Organização

Ao pensar na maneira de atuar em conjunto, devemos construir uma estrutura delineada de acordo com os objetivos estratégicos do negócio e baseada no conhecimento, habilidades e talento de cada pessoa e definindo de forma clara as responsabilidades e o desempenho que se espera de cada uma. Não basta apenas desenhar as caixinhas e alocar cada um no seu castelo. A arquitetura da organização tem que ter o propósito de garantir a realização dos negócios de forma eficiente, baseada nos recursos tecnológicos e conhecimento, com um mínimo de regras e de burocracia.

Costumo dizer que não existe estrutura de organização boa ou ruim. A boa é aquela que funciona, pois o que conta é a eficiência, ou seja, se é capaz de atingir eficazmente os objetivos propostos.

A estrutura pode ser simples ou complexa, dependendo da quantidade de estabelecimentos, divisões, unidades de negócios, localização geográfica, ramo de atividade, etc., mas qualquer seja o desenho, sempre haverá três níveis, a saber:

- Autoridade
- Negócios
- Apoio

No primeiro nível encontra-se a **Direção;** no segundo os **Macroprocessos de Negócios;** e no terceiro, os **Processos Funcionais de Apoio.**

15

1.2.1 Direção

Existem empresas onde os sócios ocupam também a função de Direção da empresa. Em outras, estas tarefas estão a cargo de diretores profissionais. Como linha de autoridade, suas decisões têm uma magnitude e impacto no âmbito da empresa, devendo por isto, caracterizar-se por serem justas e imparciais, tendo como objetivo apontar caminhos, solucionar conflitos e definir regras.

A Direção tem que estar com seu olhar permanentemente voltado para o futuro, sem, porém, abandonar o presente.

De regra geral, suas responsabilidades, são:

• Prestar contas aos sócios, no caso de diretoria profissional.
• Cumprir os compromissos estatutários, legais, fiscais e trabalhistas.
• Cumprir os objetivos de responsabilidade social.
• Firmar acordos, convênios, contratos e outros feitos de interesse da organização.
• Aprovar Planos Operacionais e de Negócios.
• Aprovar investimentos, fechamento ou abertura de estabelecimentos.
• Disseminar a cultura, valores e princípios da empresa.

Comitê Executivo

Para que as decisões não sejam autoritárias, fortalecendo o exercício democrático, participativo e comprometedor, recomenda-se que os membros da Direção operem em forma de Comitê. Nesta configuração, os dirigentes podem expor, debater, sugerir, e tomar decisão, porém sempre em consenso, abolindo o critério de voto.

Quando reunidos, os membros do Comitê Executivo precisam ter forças iguais, mesmo que alguns participantes sejam sócios. Cada membro precisa ter maturidade para aceitar sem ressentimentos que sua ideia ou sugestão possa num primeiro momento não ser aceita pelos seus pares. Sempre que houver uma rejeição, a proposta ou sugestão deve permanecer pendente até que seja amadurecida e aprovada ou abortada por consenso.

Compete ao membro defensor da proposta ou sugestão ter fortes argumentos para sua aprovação, porque pensando bem, se eu não consigo convencer alguém que minha proposta é boa, é porque realmente não é, ou ainda não é o momento oportuno de apresentá-la.

A primeira decisão a ser tomada quando da formação deste Comitê é eleger um dos membros para ser o representante externo (CEO), cabendo ao eleito ser a voz e a cara da empresa para efeitos externos (imprensa, governo, associações de classe etc.). O Comitê Executivo deve ter uma agenda de reuniões regulares (mensais, trimestrais, semestrais e anuais) para avaliar o desempenho, checar o andamento do Plano Operacional, avaliar investimentos, aprovar balanços, etc. Dependendo do assunto a ser tratado, é conveniente convidar outros executivos para contribuir no esclarecimento do tema e ajudar a formar opinião.

É importante também que os Gestores de Macroprocessos de Negócios participem das reuniões ordinárias do Comitê Executivo, porque qualquer decisão que venha a ser tomada pode ter impacto nos negócios, e estes, na condição de proprietários dos processos (process owner) precisam ser ouvidos.

A propósito, gostaria de lembrar que os Gestores de Macroprocessos de Negócios devem ser líderes talentosos e competentes, hábeis no trato humano e implacáveis no cumprimento das metas. É o tipo de profissional que pode fazer a diferença e por isto deve ser cuidadosamente selecionado pelo Comitê Executivo.

Ao finalizar este parágrafo, gostaria de falar a respeito da agenda pessoal válida para os membros do Comitê Executivo e extensiva a todos os Gestores.

Uma pesquisa feita pela consultoria Betania Tanure Associados de São Paulo neste ano revelou que os executivos gastam 38% de seu tempo em tarefas pouco importantes para a estratégia dos negócios.

Recentemente, Roberto Setúbal, presidente do Banco Itaú, reuniu os seus principais executivos para dizer que tinha um pressentimento que os funcionários desperdiçavam muito tempo em tarefas sem importância e que isto seria perigoso para o futuro da instituição.

Todos sabem que a agenda pessoal é uma questão individual. Umas pessoas são mais disciplinadas, outras nem tanto, mas cada Gestor deve ter uma preocupação constante com este assunto, para não cair nas armadilhas da rotina do dia a dia.

Minha experiência pessoal é a seguinte. Divida seu tempo em três partes planejado semanalmente da seguinte forma:

• Dedique 1/3 de seu tempo aos seus Colaboradores. Aproxime-se deles não somente para dar ordens ou fazer cobrança, mas se interesse pelo seu trabalho, faça-se presente. Ele precisa ter a percepção que você não é um mandante controlador, mas que você também é um orientador, um guia, uma pessoa em quem se pode confiar.

• Dedique 1/3 de seu tempo com o Plano Operacional. Acompanhe os projetos, analise as dificuldades, ajude nas soluções.

• Dedique o 1/3 restante ao seu processo, a gestão da rotina, reuniões, viagens, assinatura de documentos, apresentação de casos, estudos, leituras de relatórios, visita a clientes, etc.

É claro que sempre surgem imprevistos e que esta divisão em 3/3 não é tão rígida, porém com um pouco de disciplina, é possível ser mais produtivo.

1.2.2 Staff

Em razão da natureza de seus trabalhos, existem quatro processos funcionais de apoio que trabalham diretamente com o Comitê Executivo, dando suporte ou realizando estudos que contribuam para melhorar a condução dos negócios. Poderão existir outros, dependendo do ramo, do porte, ou complexidade da atividade, mas esses quatro são básicos.

Recursos Humanos

Também chamada de Gestão de Pessoas ou Gestão de Gente. Em algumas empresas, o RH assessora o Comitê Executivo nos assuntos relacionados às pessoas e também acompanha o desenvolvimento da empresa para propor reformulações na estrutura. Atua também como Consultor Interno dos Gestores de Processos na aplicação das políticas, ferramentas e melhores práticas de gestão de seus colaboradores.

As suas principais atividades são:

Recrutar executivos de primeira linha.

Elaborar programas de capacitação em geral para líderes e liderados.

Elaborar planos de promoção, carreira, sucessão, recompensa e retenção de talentos.

Elaborar programas de motivação e difusão da cultura interna. Elaborar as políticas de remuneração (fixa e variável).

Representar a empresa junto a Sindicatos e Associações de Classe

Dar suporte ao Comitê Executivo e aos Gestores de Processos nos eventuais conflitos.

Fazer pesquisa de clima e propor soluções para as necessidades identificadas.

Marketing

No seu constante desafio de criar valor para o cliente, Marketing tem a tarefa estar permanentemente no mercado, fazendo pesquisas, conversando com os clientes, tentando descobrir o que querem comprar, quais as suas novas necessidades, analisando os passos da concorrência, usando a inteligência competitiva com o objetivo de avaliar propostas de novos modelos de negócios, ou modificações que façam seus produtos e serviços diferenciados. (ver cláusula 3.5)

Assessoria Jurídica

Auxilia o Comitê Executivo nas negociações importantes, examinando contratos, visando proteger os direitos da empresa e assegurando que todas as medidas internas sejam tomadas ao abrigo da lei, prevenindo eventuais conflitos judiciais.

É também de sua responsabilidade cuidar da documentação constitucional (contratos sociais, estatutos, atas, registro de registro de marca, domínios e patentes).

Auditoria Interna

A partir de certo porte da empresa, os dirigentes não têm mais condições de examinar as transações no nível de detalhamento requerido, portanto é imprescindível que tenham Auditores Internos monitorando permanentemente os processos, a fim de fortalecer o controle interno para prevenir riscos, fraudes, falsificações e desvios, além de gerenciar o compliance (aderência as regras, normas, leis e procedimentos internos)

1.2.3 Processos de Negócios

Vamos tratar agora do Nível de Negócios, segunda linha da estrutura.

Na década de 1990, uns dos grandes desafios dos dirigentes empresariais foi mudar a configuração da organização dos negócios, porque os Gestores tinham seus objetivos e interesses limitados às funções desempenhadas em suas áreas de responsabilidade.

Que ocorria? Cada um procurava fazer o melhor possível dentro de seu universo, porém, com uma visão vertical. Embora cada um realizasse tarefas de atendimento, não era eficaz, porque as executavam de forma não alinhada à cadeia, ou seja: cada Gestor empregava seus esforços para que seu departamento tivesse bom desempenho, mas não olhava a operação com um todo, até porque não era avaliado pela eficácia do conjunto, mas pela eficiência de sua área de atuação, de modo que cada um poderia ir maravilhosamente bem, mas no conjunto, a empresa poderia ir mal.

Sempre que ia mal, medidas drásticas eram tomadas: buscavam- se culpados em todos os lados, sem perceber que o modelo de conduzir os negócios estava errado, porque as pessoas não trabalhavam para o cliente, mas sim para atender sua chefia.

Posteriormente, quando a empresa passou a ser orientada para o cliente, a perspectiva dos processos forçou os Gestores a ver o trabalho sob o prisma do cliente e não sob o prisma da hierarquia.

Inspirados nos japoneses, as empresas ocidentais buscaram uma forma de trabalhar interligando de modo lógico as tarefas que serviam à atividade fim, agrupando-as em uma cadeia onde cada tarefa fosse agregando valor até a entrega final do produto ou serviço.

Com esta mudança, tarefas, atividades e até processos inteiros foram suprimidos ou agrupados, gerando uma verdadeira revolução interna, o que naturalmente criou resistências pela perda de poder enraizados no antigo modelo.

Dessa forma, nasceu a estrutura horizontal, batizada de macroprocesso de negócio, mudando uma cultura secular.

O desenvolvimento desta arquitetura deu muito trabalho, porque o conceito horizontal pressupõe a integração de tarefas para executar a proposta de valor ofertada ao cliente e apesar da capacitação, o pessoal levou tempo para se acostumar e enxergar os benefícios do novo esquema de operação.

Hoje este modelo ainda se encontra em fase de consolidação em algumas empresas, apesar de haver passado mais de 20 anos de seu início.

Os Macroprocessos de Negócios, que como dissemos deve ser organizado de acordo com a proposta de entrega de valor ao cliente, tem sua base desenhada na estratégia competitiva. Como a estratégia é dinâmica, convém ter presente que estes Macroprocessos precisam ser flexíveis para se adaptarem às novas necessidades.

Podemos construir tantos Macroprocessos de Negócios quantos sejam necessários.

Tudo vai depender das linhas de negócios que existam para processar a entrega dos produtos ou serviços. Dependendo também da complexidade ou de sua localização, os Macroprocessos de Negócios podem estar geograficamente separados, mas isto hoje em dia não prejudica a sua eficácia, porque temos avançados meios eletronicos de interligação.

A interação com os Processos Funcionais de Apoio que eventualmente possam estar noutra localização, também não será problema, pois com os atuais recursos de telecomunicações, as distâncias deixaram de existir.

Para sucesso da estrutura horizontal, são necessários os seguintes pré-requisitos:

1. Visão do cliente e não da hierarquia.
2. Concentração na essência do negócio, transferindo as demais atividades fora do core *business* para terceiros.
3. Forte capacitação da equipe.
4. Integração dos processos em cadeia, via automação.

Definição de Processo

Antes de seguir adiante, vale a pena perguntar: afinal, o que é mesmo um processo?

Sem entrar em grandes dissertações a respeito, podemos dizer que processo é um conjunto de tarefas e atividades estruturadas, com entradas e saídas bem definidas, destinado a produzir um bem ou serviço.

Caracteriza-se por ter fornecedores (interno ou externo), clientes (interno ou externo) e produtos ou serviços bem definidos, mensuráveis.

O termo processo é bastante abrangente e se aplica a tudo que reúna as características acima mencionadas. Por exemplo: para o Comitê Executivo, a empresa é um processo; para a copeira, preparar um café é um processo; para o selecionador de RH, contratar um novo colaborador, é um processo.

Quando a operação for extensa, ou complexa, recomendamos dividi-la em Macroprocesso, Processo e Subprocesso (ver fig 01 e 01A).

Fig.01 - Macroprocesso de Negócio
(manufatura)

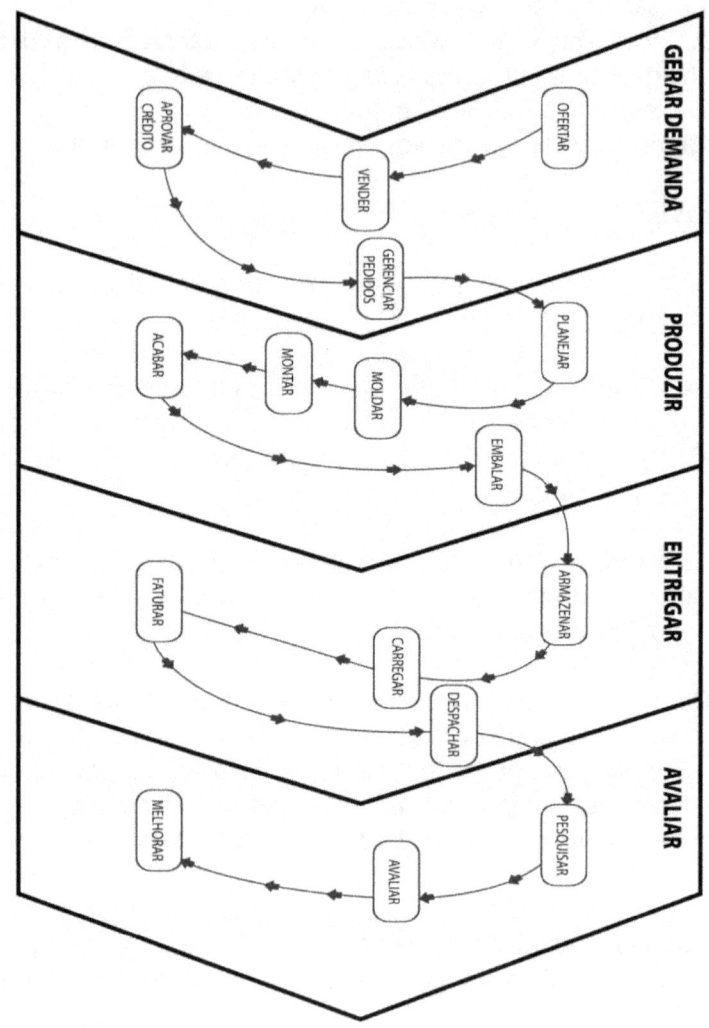

Fig.01A - Macroprocesso de Negócio (comercial)

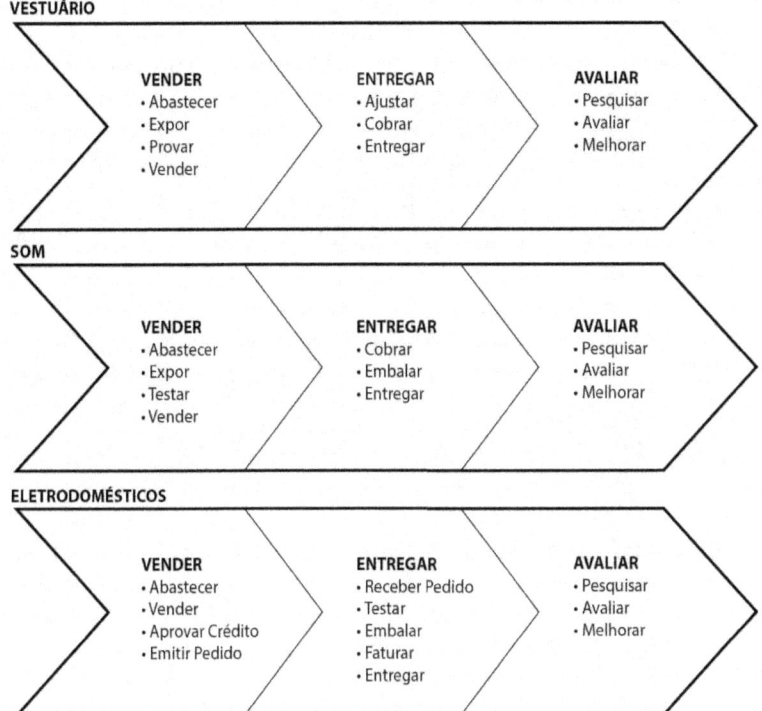

Voltando ao exemplo da fig. 01, lembro que para conseguir eficiência dos Macroprocessos de Negócios, é importante que todos os processos da cadeia estejam agrupados e em sequência, de forma visível para aqueles que neles trabalhem, facilitando a integração das atividades e a comunicação entre seus participantes.

Os Gestores dos processos Gerar Demanda, Produzir e Entregar, na medida do possível, devem estar bem próximos, interagindo, participando, trocando ideias, cooperando uns com os outros, pois o problema de um é de todos, o sucesso ou o fracasso é do grupo, a remuneração pelo resultado é dividida entre todos, por isto, ou todos ganham ou todos perdem. Isto é trabalhar por processo.

Observem que o objetivo da integração começa pelo título. Não utilizamos substantivos para designar os processos de negócios e sim verbos (produzir, entregar, etc.), exprimindo a ideia de partes de uma cadeia que representa uma entidade única cuja finalidade é o atendimento final do cliente.

Analisando a fig 01, vamos fazer um breve comentário, sobre seu contéúdo.

Gerar demanda

A demanda pode ser gerada de forma ativa, aquela que vendedor procura o cliente para ofertar o produto ou serviço; e a passiva, quando o cliente procura a empresa, normalmente quando esta dispõe de um negócio especializado ou marca consolidada.

A venda pode ser direta, por telemarketing, por distribuidor, por internet, etc. A forma pode variar, mas de regra geral, estarão sempre presentes nas transações, as atividades de ofertar, vender, aprovar crédito, etc.

Produzir

Começa com a tarefa de planejar, que significa receber o pedido, verificar prazo de entrega, abrir a ordem de fabricação ou ordem de serviço, requisitar matéria-prima, insumos, ferramentas, desenhos, e tudo mais que for necessário para executar a operação.

A demais fases do processo advém do conhecimento das pessoas e da tecnologia empregada, para produzir o bem ou serviço de acordo com as especificações.

Entregar

No caso de manufatura, Entregar é a logística da cadeia. Consiste em receber o produto acabado do processo Produzir, armazená-lo, providenciar transporte, carregar, faturar e enviar ao cliente.

Avaliar

Este trabalho normalmente é realizado pela equipe do Processo Vender, considerado sempre um momento crítico, pois é hora de saber se conseguimos ou não atender a expectativa do cliente com relação ao pedido.

A avaliação deve ser uma ação pró-ativa (evitando a eventual reclamação), e pode ser realizada de várias maneiras: por telefone, por pesquisa, pela internet. Qualquer seja o método empregado, o importante é ouvir o cliente para retroalimentar o processo. Não se trata de uma pesquisa de percepção como veremos mais adiante, trata-se apenas de uma pesquisa para avaliar o atendimento, pois não queremos ter clientes insatisfeitos sem saber o motivo.

A título de curiosidade, creio que vocês conhecem aquela pesquisa realizada pelo Instituto Tarp do Canadá, que reproduzo apenas para relembrarmos dos dados que são interessantes:

• 96% dos clientes insatisfeitos com o produto ou serviço nunca reclamam.

• Aqueles que reclamam são mais propensos a voltar a fazer negócios do que aqueles não reclamantes.

• 62% dos clientes que reclamam voltarão a fazer negócios se a reclamação for resolvida. Esta porcentagem sobe surpreendentemente para 82% se o cliente sente que a reclamação foi rapidamente resolvida.

• O cliente que fez uma reclamação contra a empresa conta o fato para dez pessoas, ao passo que aqueles que tiveram suas reclamações resolvidas contam para cinco.

Pesquisas

Gostaria de abrir um parêntese para falar a respeito de pesquisas de satisfação. Uma coisa é avaliar se o cliente recebeu o que foi prometido para antecipar-se a qualquer reclamação ou até devolução do produto. Esta avaliação tem que ser feita sempre após a entrega.

Outra coisa são pesquisas aleatórias para identificar oportunidades de melhoria junto a clientes, fornecedores, prestadores, de serviço, etc.

Com relação a estas, faço a seguinte advertência: se não estamos preparados ou não dispomos de recursos para tal, é recomendável não fazê-las, pois pesquisas não atendidas, trazem descrédito.

Estamos cansados de ver pesquisas desta natureza e tudo continuar na mesma. Pesquisar é bom, mas é preciso ter condições para atender as necessidades identificadas ou fazer as mudanças demandadas.

Há outro objeto de pesquisa que normalmente é feita quando se pretende conhecer as necessidades dos clientes ou lançar novos produtos, chamada de Pesquisa de Mercado, que abordaremos na cláusula 3.4.

Vamos fechar o parêntese e voltar a falar de estrutura, assunto deste capitulo. Na figura 02 a seguir apresentamos um desenho base que pode ser adaptado as características próprias de qualquer natureza de negócio.

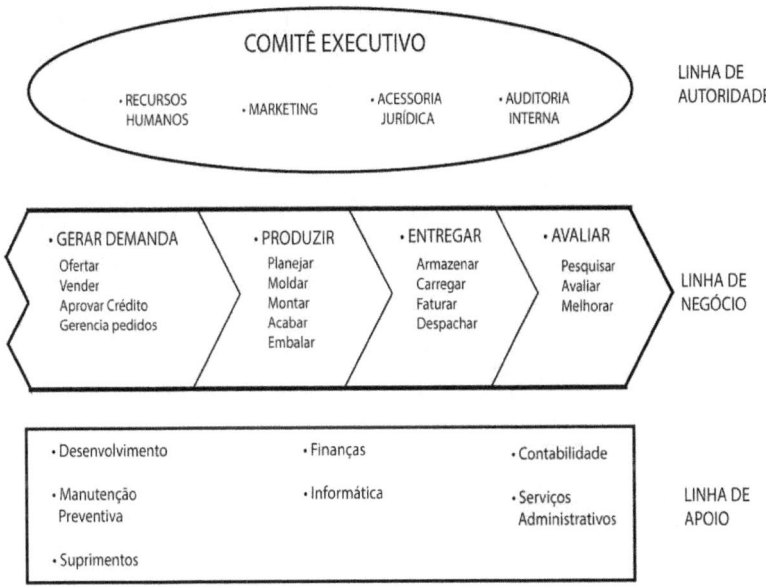

Nota: neste exemplo, temos apenas um macroprocesso de negócio, mas podem haver tantos quanto necessários.

Nomenclatura dos cargos

Olhando para a figura 02, podemos distinguir claramente os níveis de Liderança:

Comitê Executivo (linha de autoridade)
Diretores

Macroprocessos de Negócios (linha de negócios)
Gestores de Macroprocessos

Processos Funcionais (linha de apoio)
Gestores de Processos

Observe que a nomenclatura dada aos líderes não é a mesma que consta da matriz de cargos e salários, pois esta é a denominação interna e aquela é a denominação utilizada pelo mercado. Fazendo uma comparação, apenas para exemplificar, teríamos:

Diretores:
Na matriz de cargos e salários podem ser chamados de: Presidentes, Vice-Presidentes, Diretores Executivos, Sócios-Gerentes.

Gestores de Macroprocessos:
Podem ser identificados como: Diretores, Gerentes Gerais, Gerentes-Executivos.

Gestores de Processos:
Também chamados de: Gerentes, Chefes.

Internamente, a empresa deve usar o título que constar do desenho da estrutura. A matriz de cargos e salários é apenas uma referência para comparar a remuneração praticada com o mercado.

Células Operacionais

Como vimos na fig.02, cada processo tem vários subprocessos, sendo que cada um deles também tem um Gestor responsável. As Células Operacionais vieram para eliminar este degrau da hierarquia e dar condições de realização aos Colaboradores, para trabalharem de forma autônoma, sem supervisão direta. O modelo de Gestão através de Células Operacionais foi uma mudança cultural relevante ocorrida na década de 90 e aos poucos conquistou várias empresas no mundo.

Seu princípio é fundamentado no seguinte: desde o século XIX, Diretores mandavam em Gerentes, Gerentes mandavam em Chefes, Chefes mandavam em Supervisores e Supervisores mandavam em Operadores, seguindo o modelo militar e considerado a base da Administração Científica, onde uns mandavam e outros executavam.

Na década de 1950, este modelo foi questionado, porque não trazia aumento de produtividade, além de gerar desmotivação aos Operadores, fazendo com que trabalhassem apenas porque precisavam de dinheiro.

Com a chegada de Maslow, Peter Drucker e McGregor, os Gestores passam a entender que tratar bem as pessoas, ouvi-los, integrá-los ao processo de decisão, compartilhar as metas e oferecer dignas condições de trabalho não era uma ação paternalista ou de direitos humanos, mas que era o único caminho para o aumento da produtividade e emelhoria do clima interno.

A evolução destas teorias, que se tornaram fatos posteriormente, se materializou nas Células Operacionais, que teve como base transformar os subprocessos em pequenas unidades com atividades afins onde os colaboradores pudessem trabalhar em grupo, sem supervisão direta.

As experiências que tenho a respeito, são vitoriosas, o trabalho em equipe aumentou a autoestima das pessoas, que passaram a sentir-se mais valorizados, aprenderam a tomar decisões em conjunto, reduziram-se as anomalias, elevou-se o comprometimento com as metas e orgulho com os resultados alcançados.

Interessante também foi notar que quando um dos integrantes da Célula não se incorporava ao novo modelo, a própria equipe se encarregava de pedir o seu afastamento.

A capacidade de ação coletiva é uma das maiores vantagens que uma empresa pode alcançar, porque se constrói um propósito comum desenvolvendo-se um nível de conhecimento e responsabilidade pelo trabalho como se eles estivessem dirigindo seu próprio negócio e os problemas surgidos no dia a dia fortalecem a convivência.

Implementar as Células Operacionais, não é uma tarefa fácil e rápida. Exige-se um conjunto de ações por parte da Liderança.

1. Palestra de motivação, exaltando a responsabilidade de realizarem o trabalho sem supervisão direta.
2. Medidas que devem tomar em caso de falta de energia, acidentes, quebra de equipamentos, sistema fora do ar falta de material, etc.
3. Indicação de três Facilitadores por Célula, treinados em atividades específicas.

• Segurança do trabalho
• Manutenção de primeiro nível
• Tratamento de Anomalias

Lembrando que estes Facilitadores são colaboradores com tarefas iguais às de seus colegas da Célula, não tendo, portanto, função de mando. São apenas profissionais com capacitação em determinado tema específico, para orientar o grupo quando necessário. No período em que acumularem essa responsabilidade adicional, é importante recompensá-los com um bônus especial.

A tarefa do Facilitador é rotativa, isto é, a cada 12 meses, mais três operadores são treinados e assumem o encargo, de modo que ao final de um determinado período todos foram treinados naquelas atividades e a tarefa do Facilitador desaparece.

O Gestor do Processo precisa se reunir periodicamente com a Célula, para fazer comunicações, discutir metas, tratar de assunto de rotina, etc. Para tanto, os participantes devem eleger uma pessoa da equipe para representá-los nestas reuniões, cabendo a este, no retorno, informar aos demais colegas os assuntos tratados.

Alem disso, convém lembrar que o sucesso da implantação também depende de:

1) Total adesão do Gestor dos Subprocesso
2) Não afastar o Gestor do Subprocesso de imediato (ir liberando aos poucos)
3) Nao se apressar. Implementar no máximo duas células por mês para não gerar tumulto.
4) Fazer uma forte automação das atividades e tarefas rotineiras

O que fazer com os Gestores dos subprocessos que perderam seus postos? Aproveitá-los em outras atividades, visto que são profissionais experientes.

Para finalizar, lembro que este modelo iniciado nas operações de manufatura, se aplica a todos os subprocessos, tanto daqueles de negócios como de apoio, com pequenos ajustes.

1.2.4 Processos de Apoio

Processos Funcionais de Apoio são aqueles denominados de "prestadores de serviços internos", importantes para suportar toda a operação através da prestação de serviços em geral, , elaboração de estudos, análises, avaliações e assessoramento.

Assim como os Processos de Negócios, os "prestadores de serviços internos" também têm seus clientes, que esperam receber um serviço com qualidade, dentro do prazo pactuado. Segundo o nosso modelo de estrutura dividem-se em:

Processos Técnicos
    Desenvolvimento
    Manutenção
    Suprimentos

Processos Administrativos
    Finanças
    Contabilidade
    Informática
    Serviços Administrativos

Note que, diferentemente dos Processos de Negócios, os Processos de Apoio são denominados por substantivos e não como verbos, pois não são integrados horizontalmente. São funções que operam com base em sua especialização.

A exemplo do que fizemos com os Processos de Negócios, vamos também destacar algumas das características de suas principais responsabilidades.

Desenvolvimento

Quando se fala em Desenvolvimento, pensamos em pesquisa, engenharia, etc. Isto também é, mas a área de Desenvolvimento tem uma abrangência mais ampla, pois além de construir novos produtos ou serviços com o pessoal de Marketing, também assessora os Gestores no redesenho de processos, na elaboração de projetos para expansão, aumento de produtividade, eliminação de desperdícios, e na normatização de qualidade dos produtos.

É dotado de um pequeno grupo de profissionais de talento e larga experiência, restrito à aplicação da inteligência nas demandas internas. Esse grupo não executa os projetos aprovados. A execução é realizada por empresas especialistas contratadas.

Manutenção

Outro apoio importante, porque máquina parada é prejuízo. As equipes de Manutenção, conforme os casos podem ser divididas em: mecânica, elétrica, hidráulica, eletrônica, etc. devendo atuar em conjunto com os Gestores de Processos, para manter os equipamentos sempre em pleno funcionamento durante o tempo necessário.

Fazer planos de manutenção preventiva é um programa utilizado por estes profissionais para detectar problemas nos equipamentos durante sua operação, antes que parem por quebra.

O plano de manutenção corretiva realizado no período de férias coletivas ou feriados prolongados e se baseiam bastante nos relatos apontados nas inspeções preventivas.

Suprimentos

A função de Suprimentos é, como seu próprio nome diz, suprir as necessidades em termos de matérias-primas, insumo, serviços e equipamentos. Suas responsabilidades básicas são:

Compras: esta talvez seja a tarefa mais importante da área. Algumas empresas principalmente as comerciais, costumam dizer que os vendedores fazem as vendas mas são os compradores que fazem o lucro, porque comprar com qualidade, com garantia de prazo de entrega e a preços competitivos, é uma habilidade respeitável.

Estoques: outra tarefa importante da área de Suprimentos, que visa não deixar o armazém com excesso de material (custo do capital de giro), mas também não permitir que haja falta.

Finanças

A área de Finanças é responsável pela gestão do caixa e suas responsabilidades principais são:

Contas a Pagar: fazer o pagamento de todas as faturas de fornecedores e contas em geral.

Tesouraria: administrar o caixa, fazendo aplicações de excedentes, ou tomando recursos quando necessários.

Crédito: aprovar créditos a clientes.

Contas a Receber: como seu próprio nome diz, fazer o recebimento das faturas emitidas contra os clientes.

Observação: Muitas empresas são agressivas na cobrança de faturas, protestando os títulos no 3o dia de atraso ou cobrando juros e multas abusivas.

Diríamos que uma empresa orientada para o cliente tem outra postura. Faturas não paga no prazo devem ser encaminhadas ao vendedor, que se encarregará de renegociar o pagamento diretamente com o cliente.

Contabilidade

Este órgão responde pelo registro das transações econômico-financeiras e elabora as demonstrações, análises, estudos e projeções. Suas principais responsabilidades são:

Balanços: levantamento mensal da posição patrimonial da empresa e também dos resultados alcançados.

Impostos: planejamento tributário (minimizar a carga tributária de forma legal) registro das operações fiscais e recolhimento de impostos.

Custos: cálculo dos custos dos produtos e elaboração das planilhas de gastos por processo.

Projeções: cálculo de resultados, retorno de investimentos, para suportar os Planos de Negócios e Planejamento Operacional.

Informática

Responsável pelo desenvolvimento e manutenção dos hardwares e softwares, tendo como principais tarefas:
Banco de dados: administrar o banco de dados, fazendo back-ups e permanentes testes de recuperação de informações.
Análise e programação: desenvolver softwares ou buscar as melhores alternativas no mercado.
Web: desenhar sites, portais, fóruns e aplicativos para redes sociais em ambiente de internet.
Segurança: administrar a segurança da rede, dos equipamentos e sistemas operacionais.

Trata-se de uma equipe especializada, que atende as necessidades específicas dos processos de Negócios e Apoio, desenvolvendo ou adqirindo aplicativos quevisem suportar os negócios e serviços internos, de forma ágil e segura.

Serviços Administrativos

Suas tarefas de regra geral estão divididas em duas partes:

Primeira: Recrutamento de pessoas, Folha de Pagamento, Recolhimento de encargos sociais e tarefas pertinentes.

Segunda: Contratação e gestão de Segurança Patrimonial, Limpeza, Recepção, Telefonia, Secretaria, Serviços de Viagens, Papelaria, Manutenção Predial, Manutenção e Seguro de autos, etc.

Dependendo do porte e localização geográfica, estas tarefas podem ser descentralizadas para ficar mais próximo da operação.

Matriz de Poderes

Uma vez construída estrutura, é importante elaborar a matriz de poderes, onde estarão identificadas as responsabilidades de cada Gestor no que tange ao poder para autorizar operações comercias, técnicas e financeiras.

Esta matriz é um instrumento importante, válido como procuração interna, delegada pelo Comitê Executivo para descentralizar as decisões, dando maior agilidade a realização das transações.

De acordo com a natureza do cargo, os níveis de alçada de cada transação podem ser autorizados individualmente ou em conjunto, dependendo da relevância e valores.

É fundamental implementar estas alçadas nos respectivos aplicativos (compras, vendas, finanças, etc.) para bloqueio de qualquer autorização indevida (ver fig. 03).

Fig.03 - Matriz dos Poderes

MATRIZ DE PODERES										Aprovada em:
PODERES	INDIVIDUAL OU CONJUNTO	COMITÊ EXECUTIVO	CEO	DIRETORES	GESTOR MACROPROC	GESTOR SUPRIMENTOS	GESTOR RH	GESTOR VENDER	GESTOR FINANÇAS	GESTOR CONTÁBIL
GERAL										
• Representação Legal	I		X							
• Plano de Negócio e Operacional	C	X								
• Firmar Acordos			X							
• Abrir ou Fechar Estabelecimentos	C	X								
• Contato com a imprensa	I		X							
COMPRAS (ATÉ US$500.000)										
• Matérias Primas	C				X	X				
• Ativo Fixo	C	X				X				
• Material de Consumo	I					X				
• Serviços em Geral	C				X	X				
• Seguros	C				X				X	
• Fretes	C				X	X				
• Acima de US$500.000	C	X								
FINANÇAS										
• Crédio a Clientes	C							X	X	
• Desconto a Clientes	C				X			X		
• Pagamentos	C				X				X	
• Empréstimos até US$500.000	C				X				X	
• Empréstimos acima de US$500.000	C	X			X					
PESSOAS										
• Contratar Executivos	C	X					X			
• Contratar Colaboradores	C				X		X			
• Políticas e Manuais de RH	C	X					X			
• Remuneração Variável	C				X		X			
• Demitir Executivos	C	X								
• Demitir Colaboradores	I				X					
• Contratos Coletivos Trabalho	C				X		X			
FISCAL										
• Balanços	C	X								X
• Guias de Impostos	I									X
• Livros Fiscais	I									X
• Representação Orgãos Fiscais	I									X

2 FOCO

Visto o modelo de estrutura, passemos agora a examinar alguns aspectos do negócio discorrendo um pouco sobre mercado e vantagem competitiva.

Até o século XIX, as empresas eram poucas, pequenas e familiares. Grandes instituições estavam normalmente a cargo do estado ou da igreja, geridas pelo poder oficial constituído.

À medida que a sociedade foi se desenvolvendo, mudando comportamentos e trazendo inovações científicas e tecnológicas, começaram a surgir novas necessidades e por consequeência, novas formas de relacionamento, mas o modelo de gestão das empresas permaneceu praticamente a mesmo até meados do século XX.

A característica destas empresas era a produção em massa de bens e serviços, para atender uma demanda crescente - especialmente depois das guerras - onde tudo que se produzia era vendido, portanto num cenário de mercado altamente demandado.

O trabalho dos Gestores se resumia em fazer as empresas funcionarem focadas na eficiência, orientadas para as operações, procurando fazer tudo da melhor maneira e ao menor custo possível, considerando que o domínio da tecnologia de produção era seu fator competitivo, porque o desequilíbrio entre a oferta e procura permitia e o nível de exigência era baixo.

Mas esta fase passou. A relação oferta e procura se inverteu, a concorrência aumentou, o hábito da sociedade mudou e o cliente se tornou mais exigente, demandando mais qualidade, diversidade, melhor atendimento e preços justos.

Neste momento, a visão de mercado passa a ser o eixo principal dos negócios, saindo das mãos dos tecnólogos e passando para o pessoal de marketing. A concepção de valor passa a pertencer definitivamente ao cliente.

Mudou o paradigma. Não bastava apenas fazer somente as coisas bem feitas, era preciso fazer as coisas certas, e sobretudo aquilo que o cliente desejava, percebia e valorizava, como acontece até hoje.

Esta mudança levou a especialização, como forma de buscar atender as necessidades ou ofertar produtos e serviços específicos e de qualidade a custos mais baixos. Portanto passamos a viver uma nova realidade, e que muda numa velocidade cada vez maior, para atender as demandas de um cliente, também cada vez mais exigente.

2.1 Referência

Outro fator importante que ocorreu nesta evolução, foi o foco nos negócios. Ries defende que o futuro pertence à empresa que conseguir estreitar seu foco a fim de dominar seu pedaço no mercado.

Muitas empresas ávidas de crescimento fazem aquisições, associações sem sentido, sem sinergia e acabam diluindo a força de sua marca com iniciativas pouco atraentes, dispersando energia daquilo que é importante.

Entre dezenas de empresas que perderam muito dinheiro por falta de foco, segundo ele, há um exemplo clássico da London International, maior fabricante de preservativos do mundo, que pagou dívidas de US$ 220 milhões e acusou perda operacional de US$ 37 milhões recentemente.

Na era da AIDS, há que se perguntar: como é possível que o maior fabricante de preservativos do mundo perca dinheiro?

Resposta: pensando em crescer rápido, diversificou seus negócios, passando a explorar o negócio de revelação de fotos, porcelanas finas e produtos de beleza.

Resultado: fracasso. A solução encontrada foi substituir r o CEO, que imediatamente fechou o negócio de diversificação, dando lugar ao seu foco original, e o ano passado, o maior fabricante mundial de preservativo voltou a dar lucro.

Confúcio disse:

"O homem que caça dois coelhos, não pega nenhum. "

Veja o exemplo da comparação entre a Pepsi e a Coca-Cola. A primeira, no afã de crescer rápido, passou a vender pizza, salgadinho, comida mexicana, frango frito, etc., perdendo sua identidade, ficando sem saber se era uma empresa de bebida ou de fast food. Resultado: não ganhou da Coca-Cola, nem do McDonald's.

Lembrando Tom Peters: "cada um com seu tricô". O foco funciona na mente do cliente. Cada vez que ele pensar no produto X vai associar à sua empresa. Lembra daquele lema de antigamente: Viagem a Disney? Tia Augusta.

O foco não é um produto, é uma referência. Se eu pensar num carro seguro, a minha referência é a Volvo. Assim funciona o foco na mente do cliente, por isso às vezes a diversificação, se não bem feita, pode prejudicar a referência.

Esta lição é válida também para aqueles que estão iniciando seus negócios, lembrando-os que o foco deve ser dirigido para aquilo que somos bons e que vai fazer a diferença.

Muitas vezes, por um grau excessivo de confiança, otimismo, afã de crescer rápido subestimamos os desafios envolvidos, entramos em território desconhecido e nos damos mal. Há inúmeros exemplos destes fracassos.

2.2 Inovação

Além da questão de foco, temos que pensar que cedo ou tarde, os produtos e serviços, passam por mudanças tecnológicas, sociais e comportamentais.

A qualidade e nome dos produtos envelhecem, tornam-se obsoletos e os Gestores principalmente os que atuam em marketing, devem estar permanentemente atentos para se antecipar a essas mudanças posicionando-se corretamente no mercado.

É importante, atualizar os produtos e serviços com nova versão, criar produtos novos, trocar de nome, modernizar a embalagem, desenvolver novos apelos, enfim inovar.

Inovar sempre, esta é a palavra, para poder posicionar-se de forma correta, no mercado. Inovar ou quebrar, fica a advertência.

3 CLIENTE

Dissemos que o sucesso da empresa parte da descoberta, daquilo que o cliente quer e quanto está disposto a pagar. A partir daí temos que fazer a lição de casa, para saber quanto isto vai custar e se temos condições técnicas, financeiras e humanas de atender, com uma margemde adequada de lucro.

3.1 Vantagem competitiva

Esta equação leva a empresa a manter um processo de desenvolvimento de novas tecnologias e novos modelos de negócios, para construir um produto ou serviço dieferente da concorrência e com isto, alcançar o objetivo desejado.

Interessante também é perceber que, mesmo tendo um ou vários modelos de negócios de sucesso, é necessário estar atento, porque o valor percebido hoje pode não ser amanhã. Como já comentado, os os clientes mudam rapidamente de hábitos, comportamentos, necessidades, surgem novas alternativas, entram novos competidores no mercado e este dinamismo foi e continua sendo o motor da economia de mercado.

Para obter vantagem competitiva, além das pesquisas, é importante fazer uma observação contínua dos movimentos econômicos, sociais e tendências de consumo, para descobrir os novos desejos ou soluções que atendam necessidades dos clientes.

A Inter Labs por exemplo, tem uma equipe que viaja o mundo todo para identificar e sugerir o desenvolvimento de novas tecnologias baseadas nas necessidades e desejos das pessoas.

Segundo Albrecht, alguns líderes, pelo fato de gerirem grandes negócios, revelam certa arrogância que os impede de simplesmente investigar as necessidades dos clientes, tomando decisões pensando que estão criando vantagens frente ao concorrente, acabam por cometer terríveis enganos de percepção.

Fato muito comum ocorre nas empresas de serviços via Web. Os "gênios" desenvolvem aplicativos e produtos que vendem uns dois meses, às vezes nem vendem e depois desaparecem, simplesmente porque não ouviram a voz do cliente.

Um exemplo muito marcante a respeito dessa atitude, nos apresenta Albrecht, vejamos: uma das maiores companhias de seguro americano investiu pesadamente para reduzir o prazo de entrega das apólices de seguro para cinco dias da data da contratação.

Divulgou, mediu, garantiu o cumprimento do prazo, entretanto, quando realizou algumas pesquisas a respeito, não encontrou uma pessoa sequer que se importasse com o cumprimento deste prazo.

Por aí se verifica que qualquer iniciativa que não contribua para agregar valor e que não tenha partido dos clientes, mesmo que bem feita, deve ser abandonada. Não serve para nada. É o que chamamos de fazer com perfeição aquilo que não precisa ser feito.

Valor

Ainda segundo Albrecht, valor é a percepção que o cliente tem da satisfação de uma necessidade ou solução específica. É a condição final que o cliente considera que merece sua aprovação, espelhada nos seguintes requisitos:

Básico
Esperado
Desejado
Inesperado

Básico: são os **componentes mínimos** de valor para o cliente.

Esperado: aquilo que os clientes **consideram normal** esperar.

Desejado: são aspectos de **valor adicional** que os clientes conhecem e gostariam de ter, mas não necessariamente esperam.

Inesperado: são aspectos de **valor que vão além** das expectativas e desejos que o cliente recebe do negócio. É o chamado encantamento.

Valor e Produto

Valor para o cliente, como vimos acima, é a diferença entre os benefícios percebidos e o preço pago, chamado de custo-benefício. Portanto, sai na frente quem agrega mais valor, tendo um custo competitivo.

O cliente manifesta o valor através da percepção da qualidade, da presteza, da disponibilidade, da solução proposta, do atendimento, da beleza, do prazer.

Enender ou conhecer essa percepção, ajuda a identificar de forma correta os benefícios de seu negócio perante os concorrentes e orientam o posicionamento de seus bens e serviços no mercado.

Mas não confunda valor com produto. Se perguntarmos a muitos empresários qual é o seu negócio, eles responderão: vender carros, produzir pães, construir casas. Não podemos fazer esta confusão. Vasconcelos e Dernizo publicaram uma tabela de autor desconhecido, que achei bastante interessante para ilustrar essa diferença de valor e produto.

Não me ofereça coisas

"Não me ofereça sapatos: ofereça-me comodidade para meus pés e o prazer de caminhar."

"Não me ofereça casa: ofereça-me segurança, conforto num lugar que prime pela limpeza e felicidade."

"Não me ofereça livros: ofereça-me horas de prazer e o benefício do conhecimento."

"Não me ofereça discos: ofereça-me lazer e sonoridade da música."

"Não me ofereça ferramentas: ofereça-me o benefício e o prazer de fazer coisas bonitas."

"Não me ofereça móveis: ofereça-me conforto e tranquilidade de um ambiente aconchegante"

"Não me ofereça coisas: ofereça-me ideias, emoções, ambiência, sentimentos e benefícios."

"Por favor, não me ofereça coisas."

Lembrem-se: os clientes não estão interessados em comprar bens, ao contrário, os bens existem para atender suas necessidades.

Procure sempre conhecer qual o benefício que o cliente procura ao comprar seu produto ou serviço. É a forma de construir uma vantagem competitiva.

Relembrando: a empresa pode ser média ou grande, de natureza comercial, manufatura ou de serviços, não importa. A menos que tenha o monopólio em algum negócio, opere com produtos comoditizados, bens de capital muito específicos, para se obter vantagem competitiva, é preciso ter uma estratégia.

3.2 Estratégia

Michael Porter, o papa no assunto, diz que uma empresa sem estratégia comercial corre o risco de se transformar numa folha seca, que se move ao capricho dos ventos da concorrência. Ele tem razão.

O vocábulo estratégia, hoje em dia está banalizado, pois tudo dentro das empresas virou estratégico: "ter colaboradores altamente capacitados é estratégico", "fazer publicidade na TV é estratégico", "mudar de endereço é estratégico", acabou distorcendo e transmitindo um conceito errôneo do que seja estratégia.

Ainda segundo Porter, a estratégia (estamos falando da competitiva) consiste em ser diferente de seu competidor. É a maneira de criar uma posição única e valiosa para neutralizar ou restringir a ação do concorrente.

Mas vamos considerar o seguinte: estratégia usualmente usada como termo comum nas guerras, eleições e esportes, como tática eficaz para derrotar seus inimigos, ganhar eleições ou competições, a estratégia pensada desta maneira, traz a conotação de haver um ganhador e um perdedor.

No mundo empresarial, entretanto, é possível ter uma estratégia comercial sem necessariamente ter que aniquilar o concorrente. Concentre seus esforços no atendimento de seus clientes, pois sempre há clientes distintos, necessidades distintas, portanto, espaço para que se possa ser único no seu segmento.

Podemos por exemplo:

a) atender praticamente todos os clientes do mercado, mas só satisfazer um ou um pequeno grupo de necessidades.

b) atender mais necessidades de uma base de clientes

específica.

c) atender as necessidades de todos clientes com política permanente de preço baixo.

d) criar um valor que atenda o cliente e que seja único e difícil de ser copiado pela concorrência, obtendo-se com isto, -as vezes- até um preço melhor.

Convém lembrar sempre o cliente ao fazer uma compra, leva em consideração:

1. Qualidade: design, durabilidade, variedade, segurança, etc., e se tratar de serviço, solução, competência, habilidade, etc.

2. Preço: desconto, condições de pagamento, etc.

3. Atendimento: presteza garantia de entrega, etc.

Logo, a sua estratégia deverá ser aquela de focar em seu produto ou serviço conforme o segmento específico e ofertar algo diferente, único, singular para ser escolhido na hora da compra.

Veja bem: não se trata de fazer melhor. Porque fazer melhor é solução perene. Cada ação leva a uma reação. Toda vez que lançamos uma maneira nova ou aprimorada de fazer algo a concorrência imediatamente fará igual, transformando-se numa numa competição destrutiva.

Olhe o caso dos eletrodomésticos portáteis, telefones celulares, smartphones, etc. É uma guerra aberta de destruição mútua. Tentar fazer o melhor se traduz numa sequência de cópias. Cada vez que alguém cria a partida do carro sem chave, imediatamente todos os carros passam a ter partida sem chave. Onde está a singularidade?

Aqui um exemplo clássico: a aspirina foi por muitos anos o remédio número um para dores. A Bayer fez muitas melhorias na embalagem na propaganda, na apresentação e a Anacin contra-atacou, fazendo uma aspirina com a combinação de ingredientes que proporcionava alívio da dor "rápido", "rápido", "rápido". A Buferin também contra-atacou fazendo uma aspirina com ingredientes que não atacava o estômago e proporcionava alívio duas vezes mais rápido.

Quem venceu a batalha? Nenhum dos três. Quem conquistou a preferência do cliente foi a McNeil, que criou o Tylenol, substância baseada no paracetamol, fazendo algo diferente que ninguém tinha feito.

Joan Magretta comenta que a luta por uma estratégia é muito difícil e a empresa precisa estar permanentemente se reinventando. É um jogo duro tentar se ocultar do concorrente e obter bons lucros. Não adianta se iludir com artimanhas que parecem fáceis. Não há soluções simples para problemas complexos. Conceber bens e serviços distintos, capazes de cativar os clientes e depois desenvolver esses bens e serviços para obter lucro é uma árdua tarefa para os Gestores.

Atuar neste ambiente difícil, complexo, arriscado e incerto, exige conhecimento, talento, trabalho árduo, dedicação, astúcia e ousadia. Se fosse fácil, 20% das empresas não encerrariam suas atividades nos primeiros cinco anos e empresas de bilionários não perderiam 95% de seu valor em um ano.

A estratégia nos leva portanto a criar a vantagem competitiva, que significa criar uma proposta de valor diferente do competidor. Essa singularidade aliada a uma execução eficiente é que vai trazer os resultados esperados e de forma sustentável.

A título de comentário: tenho visto que um dos caminhos usados por algumas empresas para obter vantagem competitiva para seus produtos é oferecer serviços, principalmente naqueles negócios congêneres. Vamos entender como isto funciona.

Primeiramente é importante recordar que a cada instante estamos recebendo algum tipo de serviço e não nos damos conta e podemos ter a percepção de sensações agradáveis ou não.

É preciso compreender também que não existe distinção entre bens e serviços. Nóbrega diz que um bem você pega enquanto um serviço você sente, e que não tem sentido subdividi-los, pois, todo produto físico existe para prestar um serviço.

Produtos semelhantes quase imperceptíveis, como algumas commodities, por exemplo, onde o cliente percebe muito pouco as diferenças entre os concorrentes, estimula a necessidade de criar vantagem diferencial através de novos valores agregados e uma das fontes pode ser via serviços.

Pode ser que o cliente nem tenha consciência deste valor, mas com certeza terá um peso importante na hora da escolha. Preço, Qualidade e Atendimento percebidos são importantes, mas o serviço agregado contribui no momento da decisão de compra.

Então, quando seu produto for homogêneo do ponto de vista do cliente, é preciso descobrir nem que seja uma pequena diferença para personalizá-lo através de serviços.

Certa vez, fui fazer uma compra de tintas numa conceituada loja e fiz a seguinte pergunta ao Gestor:

"Como você faz para se diferenciar de seu concorrente já que todas as lojas de tintas são praticamente iguais, vendem as mesmas marcas, praticam os mesmos preços e variam apenas no atendimento?
Resposta:

"Visito as obras e faço um projeto de pintura gratuitamente para o proprietário, oferecendo as melhores alternativas técnicas para que tenha um bom custo-benefício, sem garantia de exclusividade no fornecimento. "

Sabem quantos clientes o procuram para comprar? 65%.Veja que ele criou uma vantagem competitiva. Fatores como:

- Logística (rapidez)
- Instalação
- Assistência pós Venda
- Garantia
- Upgrade

Estes fatores podem ajudar o cliente na escolha daquela empresa, que ao seu entendimento, está recebendo maior benefício. Às vezes, pode até ter um diferencial de preço, que o cliente aceita sem reclamar.

Vamos abordar agora mais dois fatores importantes sob o ponto de vista do cliente: Percepção de Qualidade e Atendimento:

Percepção de Qualidade

Ries, conhecido criador das 22 consagradas leis de marketing, faz um comentário muito interessante a respeito de qualidade dos produtos. É claro que qualidade é importante, ninguém vai fabricar um produto para durar uma semana. Durabilidade, facilidade, segurança, etc., são valores intrínsecos do produto, mas os que nós denominamos de qualidade, como já dissemos, é aquilo que é percebido pelo cliente.

Se perguntarmos a dez clientes o que é qualidade, nove não serão capazes de responder:

- A qualidade de uma Mercedes é melhor que a de um BMW?
- A Honda tem melhor qualidade que a Toyota?
- A Nike tem melhor qualidade que a Reebok?

Então, o que a define? As preferências, o estilo, o gosto, a aparência e outros atributos que se pode sentir e provar e que são diferentes de nossos conceitos de qualidade.

Você acha que quem compra um Rolex está comprando segundo nosso conceito de qualidade? As mulheres que fazem fila na porta das lojas da Louis Vuitton para comprar o último lançamento o fazem pela nossa visão de qualidade? Qualidade é fácil definir em termos abstratos, mas difícil em termos específicos.

Veja um exemplo mostrado por Ries: anualmente, empresas americanas especializadas, assim como no Brasil, testam automóveis na estrada, considerando fatores de dirigibilidade, desempenho do motor, conforto, capacidade dos freios, consumo de combustível, nível de ruído, etc., e depois classificam os modelos dentro de cada categoria em ordem de qualidade.

Em 2011, nos EUA, essas empresas listaram 16 modelos de carros médios, como sendo os melhores segundo estes fatores de qualidade:

1º) Jetta da Volkswagen
2º) Acura da Honda
3º) Golf da Volkswagen

Sabem quais foram os mais vendidos?

1º) Escort da Ford
2º) Satura da Honda
3º) Civic da Honda

Como explicar? Esta correlação não existe somente com automóveis. Ocorrem com muitos e muitos produtos. O exemplo acima demonstra que o axioma de que qualidade garante a venda é bastante relativo. A percepção da qualidade feita pelo cliente tem outros critérios.

3.3 Atendimento

Quantas empresas até têm um diferencial de qualidade mas não sabe atender um cliente? Quem não conhece ou ainda não passou pela experiência de tratar com empresas complicadas, difíceis de fazer negócios? É o telefone que não atende, que mudou de número e não comunicou, e quando atende passa por várias pessoas até chegar ao vendedor, que às vezes não tem conhecimento suficiente para esclarecer as suas dúvidas, ou não tem empowerment para negociar?

Quem já não se deparou com sites nçao amigávesis, mal feitos, difíceis de navegar, desenvolvidos por técnicos que os fizeram pensando em si próprios? Quem nunca fez uma compra e esperou dois ou três dias para ter uma resposta sobre o crédito, depois de haver enviado uma montanha de documentos? Estas empresas com certeza nunca ouviram falar da Hora da Verdade.

Hora da Verdade

O que isto significa? Nada mais simples: saber atender um cliente. Podemos ter um bom produto ou serviço, mas se não sabemos atender um cliente, já saímos em desvantagem.

Hora da Verdade foi um termo criado por Jan Carlzon, um jovem executivo de 36 anos que assumiu a presidência da SAS, empresa aérea escandinava, que viveu a maior crise de sua história na década de 80.

Que feito extraordinário fez Carlzon? Simplesmente treinou o seu pessoal da linha de frente (vendedores e atendentes) e lhes delegou poderes para resolver qualquer problema, criando um novo conceito de empresa voltada para seus clientes, que mais tarde transformou-se num clássico em matéria de Gestão de Negócios, copiado por muitas empresas há mais de 30 anos.

Carlzon simplesmente inverteu a tradicional pirâmide hierárquica, criando uma cultura de servir o cliente quando ninguém ainda pensava nisso na época.

Carlzon costumava dizer repetidamente aos seus Gestores:

"Olhem, vocês não estão aqui para baixar decretos para o pessoal da linha de frente. Vocês estão aqui para ajudá-los, para apoiá-los. E quando eles pedirem ajuda, vocês devem escutá-los, e não ao contrário".

Dentre os inúmeros exemplos relatados como resultado desta liberdade atribuída aos vendedores e atendentes da SAS, um, porém, se tornou clássico e é citado em vários seminários.

Um passageiro chega em cima da hora ao balcão do check-in da SAS e diz para a atendente que esqueceu a passagem no hotel, mas que em nenhuma hipótese poderá deixar de embarcar naquele voo, pois tem uma importante reunião de negócios na cidade de destino. Que faz a atendente? De imediato, liga para o hotel e alguém vai até o quarto onde o passageiro estava hospedado e confirma o esquecimento. A atendente emite um cartão de embarque para o passageiro e depois manda buscar a passagem no hotel.

Isto é o que Jan Carlzon chamava a Hora da Verdade, ou seja, o momento em que o cliente entra em contato com a empresa e pode adquirir uma impressão positiva ou negativa de seu serviço de atendimento.

Hoje em dia, o problema apresentado no exemplo não existiria devido aos recursos de tecnologia. Bastaria apresentar um documento de identidade no guichê, mas o caso é simbólico pela atitude da atendente, embasada na autonomia dada pela empresa, 30 anos atrás.

Em resumo: a SAS aumentou sensivelmente sua base de clientes, saiu da crise e em três anos se tornou rentável, além de conquistar o Prêmio Empresa Aérea do Ano de 1983.

Vejam a seguir outro bom case de atendimento ao cliente. Em 2005, a HCL Technologies, empresa indiana de soluções em TI, era uma organização de porte médio, quando o seu presidente Vinnet Nayar achou que era hora de crescer, para não sucumbir.

Seu plano foi implantar o modelo de gestão da Hora da Verdade, na HCL, mudando completamente a hierarquia tradicional existente, transformando seus Gestores em patrões de seus funcionários e delegando o poder de criação de valor aos clientes ao pessoal da linha de frente.

Vinnet partiu do princípio que se treinasse, confiasse e incentivasse os seus Colaboradores, eles cuidariam bem dos clientes e para reforçar sua crença, criou um lema que dizia: "Colaboradores em primeiro lugar, clientes em segundo", até hoje presente como filosofia de gestão de seus negócios.

É claro que a prática não se restringiu a simplesmente delegar poderes e criar um lema. Há por detrás todo um sistema de capacitação, envolvimento, valorização das pessoas que sustenta o modelo implantado, criando o sentido de pertencimento em cada colaborador.

Para se ter idéia da importância da política de RH da HCL, anualmente a toda Liderança é submetida a uma avaliação de 360º, - aquela onde todos são avaliados pelos superiores, prceiros e colaboradores – para criação de um Plano de Ação individual volado para trabalhar as oportunidades de melhoria.

Pois bem, o próprio Vinnet também se submete a esta avaliação e faz questão que o resultado seja exposto no portal, para que todos vejam, colocando-se desta maneira na mesma posição de todos dando exemplo de cima para baixo e valorizando a importância de receber feedback.

Empowerment

Que foi feito na SAS e na HCL? Deu-se autonomia ao pessoal

que vende, que atende, que entra em contato com o cliente, através do empowerment, tarefa que não significa apenas transferir o poder às pessoas: é necessário treiná-las, dar conhecimento das regras e políticas comerciais, para que elas possam atuar corretamente sem deixar o cliente 10 minutos ao telefone enquanto pergunta ao chefe sobre o que fazer.

É necessário que conheçam os limites máximos de descontos que pode dar como se fosse o dono da empresa e não ficar jogando com percentuais. É preciso saber qual o prazo mínimo de entrega do pedido, sem necessidade de recorrer ao pessoal de Logística para dar a informação. É preciso saber e ter poder para resolver todos os problemas e dúvidas surgidas no decorrer da venda e também no pós-venda.

É preciso ter empatia com o cliente e se colocar em posição de ajudar na solução de seus problemas, sem medo de ser punido pela chefia; enfim, ser efetivamente um atendente em amplo sentido.

Atendimento é uma tarefa do vendedor interno ou externo, atendentes de call center, representantes, corretores, e de todos aqueles que estiverem envolvidos na relação comercial. Se a empresa tiver uma boa estratégia para levar valor ao cliente e acrescentar um atendimento segundo o modelo da Hora da Verdade, com certeza terá sucesso garantido.

SAC

No meu ponto de vista e por tudo o que já dissertamos, entendo que o contato do vendedor ou atendente com o cliente deve ser permanente, pois é um dos fatores que contribuem para a fidelidade e retenção.

O vendedor ou atendente precisa atendê-lo desde os primeiros contatos para fechamento do negócio, até a avaliação final para saber se atendeu às suas expectativas, e resolver quaisquer problemas pós-venda.

Infelizmente e completamente na contramão, as empresas hoje em dia dão metas agressivas aos vendedores e não querem que os mesmos "percam tempo" com outras atividades. Por isto, inventaram nos últimos anos um órgão chamado SAC, - cuja letra "A" muitas vezes não traduz o que se pratica - voltado para dar resposta aos clientes pós-venda.

Estes SAC's transmitem a sensação que o vendedor pode prometer o quiser e depois sai de cena, pois lá no 3º andar tem um monte de gente ao telefone para "descascar os abacaxis" (nem sempre descascados).

A meu ver, os SACs não deveriam existir, salvo em casos de venda on-line, quando o comprador negocia via Web. SAC é o custo da não qualidade, oriundo de operações mal realizadas, mal explicadas, mal vendidas, que deveriam a ser resolvidas pelo vendedor responsável pelo negócio, caso a empresa empregasse o conceito da Hora da Verdade. É inacreditável pensar que até hoje muitas empresas não entenderam esse conceito.

3.4 Ouvir o Cliente

Como ouvir o cliente, para fazer uma contínua avaliação de esua vantagem competitiva?

Pesquisa de Mercado

As empresas, de regra geral, fazem segmentação de seus grupos de clientes, alinham as suas ofertas e dirigem os esforços em melhor atendê-los, mas conhecer as suas exigências ainda continua sendo uma tarefa difícil, porque embora façam pesquisas, nem sempre conseguem uma percepção confiável, porque via de regra os clientes já conhecem estes métodos e acabam por responder alguma coisa nem sempre correspondente a verdade.

Portanto, para obter uma percepção mais confiável, é preciso recorrer a empresas especializadas, que possuem metodologia para apresentar um resultado independente e, de regra geral, com bons resultados, baseados em estudos e elementos estatísticos, com prioridades e escores de cada fator crítico de sucesso (atendimento, qualidade, preço, confiabilidade, variedade, serviço, etc.) mostrando uma fotografia o mais fiel possível daquilo que é importante para o seu propósito.

Estas pesquisas nao podem ser superficiais. Precisam ter profundidade e tomarem como base amostragem representativa e confiável dos clientes que se deseja ouvir.

Elas têm que ser amplas e detalhadas para que possam identificar com clareza os importantes e desejáveis atributos do produto, bem como as expectativas que os clientes têm em relação a este.

Também é importante ouvir os clientes que preferem os produtos da concorrência, porque clientes insatisfeitos ou desconhecidos trazem informações importantes para o processo.

Convém ressaltar que o cliente pesquisado deve ser o consumidor. Muitas empresas fazem as suas vendas através de distribuidores. O distribuidor é o canal, que claro, também deve ser muito bem atendido, mas o sentido de sua pesquisa deve ser o cliente final, que está um passo adiante do distribuidor, o qual precisamos conhecê-lo melhor para introduzir as suas necessidades em nosso processo de negócio, ou desenvolver algo de novo.

3.5 Marketing

Para alavancar, sustentar e crescer o market share, é necessário, como acabamos de ver, ter uma vantagem competitiva, uma cultura voltada para o cliente, além de um produto de quallidade, uma boa marca, bom atendimento, preço competitivo e um criativo e eficiente Plano de Marketing.

O marketing tradicional também chamado de 1.0, é aquele onde a empresa realiza camapnhas para expor e promover seus produtos e fica passivamente a espera do cliente.

O marketing chamado de 2.0 faz aa mesmaa coisa, mas procura conhecer seus clientes, entender como compram para poder atender melhor.

Com o surgimento dos meios eletrônicos de comunicação, as empresas não só querem conhecer seus clientes, mas interagir com os mesmos utilizando-se das mais modernas ferramentas eletrônicas de conexão.

Este é o chamado marketing 3.0 desenvolvido na esteira da internet, também conhecido como o marketing digital que vem sendo utilizado nos dias de hoje pela maioria das empresas, principalmentee aquelas voltadas para bens e serviços de massa. Pode ser off e on line, sendo mais eficaz quando os dois meios forem integrados ou complementados.

A propósito vamos ler o que diz Pauo Cordeiro, experiente Consultor de marketing digital:

Panorama

O que vivemos nos últimos 10 anos, levaríamos 100 para viver, se não dispusesemos da tecnologia, ou seja um passo muito rápido. A internet tem mudado o mundo constantemente e hoje é impossível não estar conectado a algum gadget – smartphone, notebook, TV, tablet, etc...

A democratização dos meios de comunicação acelerou o processo. Temos muito mais informação, em maior quantidade e qualidade disponível a um click de distância. Não estamos numa era de mudanças, estamos mudando a era!

Veja o que acontece no mundo digital, num prazo de 60 segundos:

- **São criadas 50 milhões de mensagens no whatsapp**
- **Se reaslizam 2,7 milhões de buscas no Google**
- **Se produzem 25.000 pedidos no Amazon**
- **São postadas 67.000 fotos no Instagram**
- **São exibidos 5,0 milhoes de vídeos no Youtube**
- **Sãovistos r 277.000 tweets no twitter**

O novo consumidor

As regras do jogo mudaram. O consumidor conectado quer transparência. Se sua empresa está fazendo alguma coisa errada expondo um produto de má qualidade, um serviço ruim, não respeitando o contratado, em segundos o mundo inteiro fica sabendo, basta o cliente querer. Quem nunca pesquisou a reputação de um hotel no Tripadvisor? Quem nunca usou o Reclaame Aqui? Só para exemplificar. :

Na era digital os canais de acesso são diretos, não permitindo demora nas respostas, tudo que tem que ser na hora, "just now" O cliente alem de consumidor, passou a ser formador de opinião e colaborador, seja no lançamento de novos produtos, melhoria dos serviços, etc. etc.

Antes quando saiamos para assistir um show, ou ouvir música, dançavamos e ponto final. Hoje, em fração de segundos, ouvimos, dançamos, fotografamos, filmamos, postamos, opinamos, criticamos e até escolhemos a próxima atração na página do festival. #euqueroabandatal.

Meios

A internet e os meios de mídia on line, ganharam tanta importância que hoje ocupam o 2º lugar em audiência, ultrapassando o meio impresso, porque o cliente passa mais tempo na internet que assiistindo TV, ouvindo rádio ou lendo revistas e jornais.

80% as pessoas afirmam entrar nas redes sociais pelo menos um vez ao dia, tanto para consultar, como para compartilhar.

22% da mídia mundial lançada no ar hoje em dia é digital. É sem dúvida o meio que mais cresce. 59% é on line e 49% é off line (banners, anúncios, etc).

Apesar do avanço, o marketing digital ainda está dando os primeiros passos, mas a medida que os meios eletrônicos e os aplicativos se expandirem, a mídia digital tomará a uma dimensão sem limite, (além de tudo mais barata que a mídia tradicional) mudando as formas tradicionais de fazer negócio.

Seu ponto de venda físico atinge o público que está próximo, seu ponto de venda virtual, atinge o mundo, além de ser possível extratificar o cliente por gostos pessoais, idade, região, poder aquisitivo, sexo, etc. etc direcionando de maneira eficiente, a abordagem para expor e promover seus produtos e serviços."

3.6 Novos Produtos

Quando as pesquisas e observações apontaem para o desenvolvimento de novo produto, o projeto tem que ser mais elaborado.

Repetindo: não basta apenas copiar do concorrente. Precisamos ter algo mais para nos diferenciarmos. Não podemos investir em algo comum já existente.

É preciso avaliar muito bem os requisitos do cliente, que importância ele atribui a estes requisitos, traduzi-los em especificações técnicas, saber se já existir algo similar no mercado, fazer uma análise econômico-financeira, e depois, partir para a execução se o projeto demonstrou ser viável.

Existem algumas ferramentas importantes para auxiliar neste

trabalho, como veremos a seguir.

Primeiramente pode ser um Plano de Negócios (Business Plan) Um PN tem as características de um planejamento estratégico que consiste na construção de um cenário mais fiel possível da realidade que se pode esperar, portanto não deve se basear em suposições, é preciso levantamento de muitas informações e estudos.

Há PN's simples e complexos dependendo da dimensão e natureza do negócio, porém em qualquer condição, não deve ser feito às pressas, é preciso investir tempo e recursos, para ter certeza se é bom negócio ou não para as partes. Um PN bem feito, vai s dizer se devemos ir adiante ou não.

Inicialmente o pessoal de Marketing deve fazer to uma apresentação do produto ou serviço, de forma detalhada, que necessidade ou solução vamos atender e expor de forma clara, que valor pretendemos oferecer ao cliente.

Em seguida é preciso saber onde estão os clientes, qual é o perfil, quais os concorrentes, como eles atuam, como abordam, que preços praticam e qual é a vanagem competitiva que vamos oferecer.

Em sequência é preciso conhecer o tamanho do mercado, qual o potencial, como cresce, que segmento vamos atuar, qual é o market share e que fatia pretendemos alcançar.

Nesta fase algumas perguntas precisam ser respondidas, por exemplo: como deve ser o plano de marketing? Qual a estrutura de vendas? Qual o plano de comercialização?

Também é importante avaliar os riscos: o mercado é sazonal? Temos recursos humanos, físicos, tecnológicos e financeiros para suportar a proposta? Os fornecedores são confiáveis? Em quanto tempo teremos condições de colocar o produto no mercado? O negócio é sustentável? Temos como competir com o produto importado?

E para finalizar, fazer uma projeção de vendas para os próximos 5 anos, calcular o montante a ser investido em tecnologia, equipamentos, e capital de giro, saber se há linhas de financiamento disponíveis para em seguida projetar os resultados, fluxo de caixa e conhecer o retorno do investimento. (Ver fig. 04)

Lembrando que O PN é também uma ferramenta importantíssima para novos empreendimentos. O resultado de sua análise vai indicar se os sonhos poderão se realizar.

Fig. 04 - Plano de Negócios

Outra ferramenta muito utilizada no lançamento de novos produtos é o e Desdobramento da Função Qualidade (*Quality Function Deployment*), também chamada de Casa da Qualidade, devido a a forma do desenho da matriz.

O QFD nasceu no Japão e foi difundido na década de 1990, na indústria automobilística americana, sendo posteriormente, expandida para indústrias das mais diversas atividades.

Segundo William E. o QFD recolhe da pesquisa as reais necessidades dos clientes, muitas vezes vagas, qualitativas e expressas em termos leigos e desdobrá-las até chegar a elementos técnicos, quantitativos e mensuráveis para incorporá-los ao projeto.

Como se pode notar na fig. 04A, a Casa da Qualidade é dividida em quatro blocos, a saber:

1º) Requisitos do Cliente: como já comentado nestas linhas, anota-se a voz do cliente, especificando o que ele valoriza: "quente", "leve", "pequeno", "barato" "saboroso", etc.

2º) Especificações Técnicas: este campo se traduz os requisitos do cliente em especificações técnicas: "temperatura", "peso", etc.

Nota: no telhado da casa, há uma análise de correlação entre as especificações técnicas, apenas para ver se não há conflito entre as mesmas e proceder às devidas correções.

3º) Quantificação: aqui as especificações técnicas são quantificadas.

4º) Comparação: avaliamos o nível de importância dado pelo cliente para cada requisito e o comparamos com a concorrência, se for o caso.

Num segundo passo, estes dados passam por outro desdobramento até chegar ao planejamento de produção, como vemos na fig. 04B.

O QFD ajuda a a avaliar o produto ou serviço que preedemos desenvolver, mas antes , commo vimos é necessário fazer um bom PN para conhecer o retorno do investimento usando todo rigor, critério e bom senso para que ao final o estudo possa mostrar se o negócio é bom ou não, se vale a pena ir adiante.

Existe outra técnica também muito aplicada nos casos de desenvolvimento de novos produtos, chamada Seis Sigmas (que veremos mais adiante) usadas em projetos complexos que podem englobar complementarmente o Business Plan e QFD tornando o trabalho mais previsível.

Fig. 04A - Matriz QFD

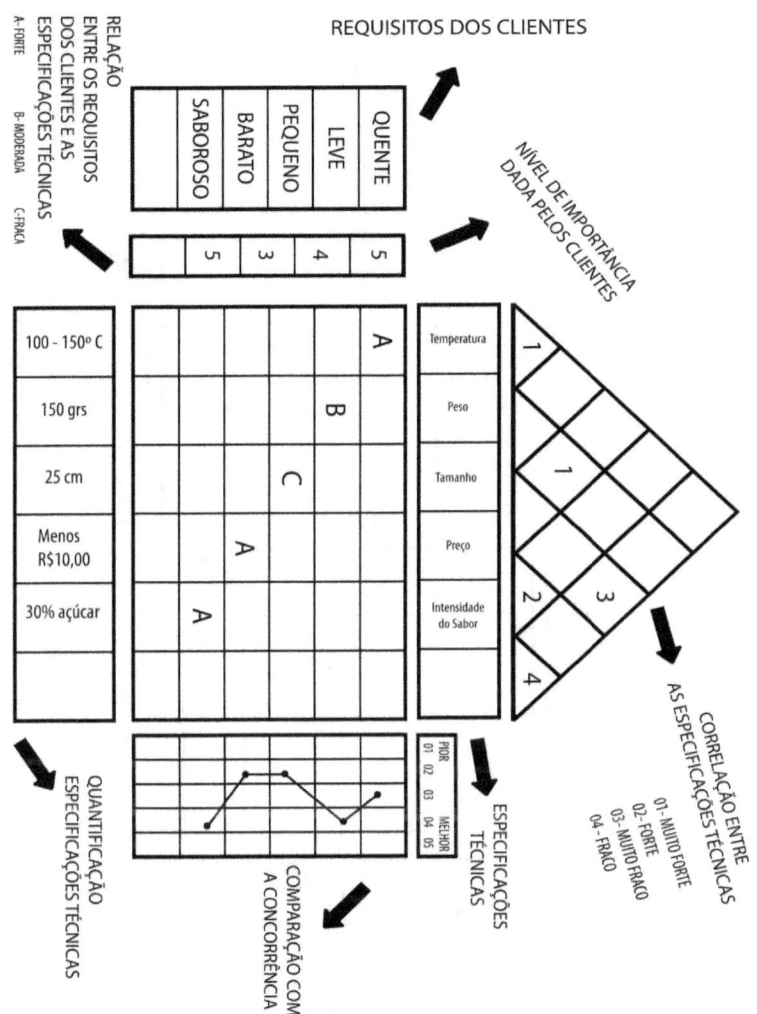

Fig. 04B - Desdobramento das 4 Fases

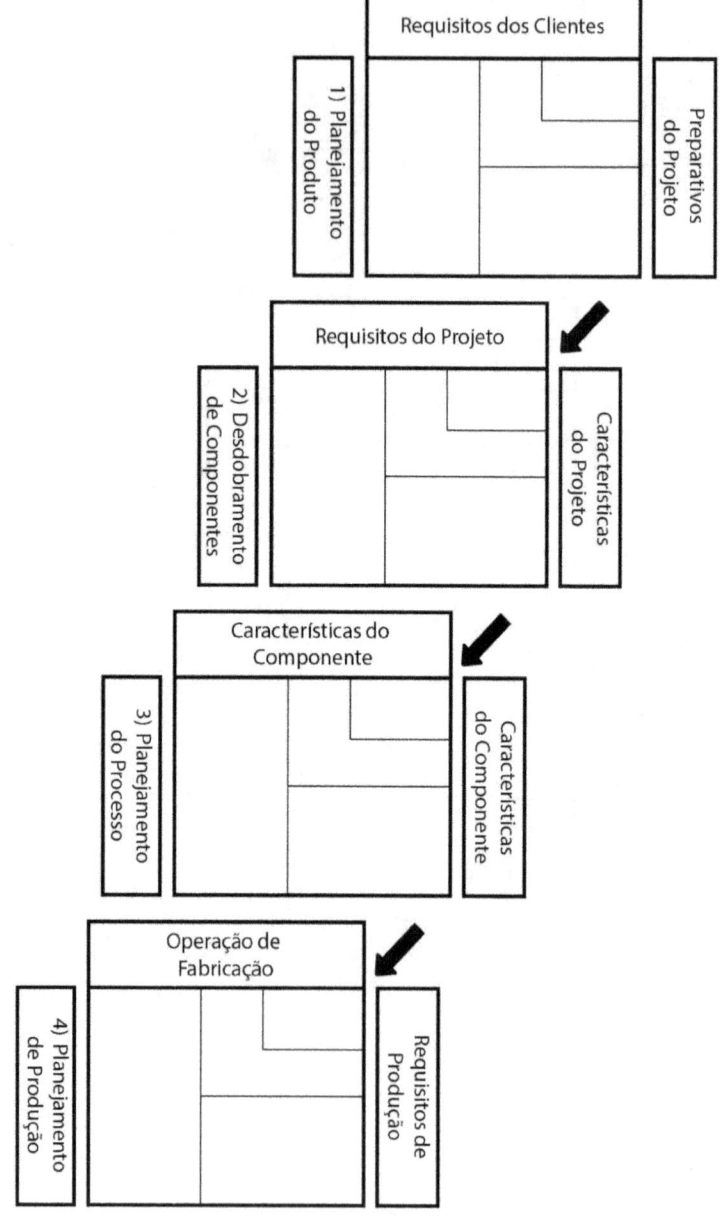

4 PROCESSOS

Trataremos a partir de agora do *Desempenho*, etapa importante para alcançar os objetivos do negócio, composto de dois grandes componentes chamados: *Estratégia e Execução*.

4.1 Componentes

Como vimos nos capítulos anteriores, enquanto a *Estratégia* trabalha mais externamente identificando as necessidades dos clientes para levar uma proposta de valor, o segundo atua internamente construindo essa proposta através de Processos e Pessoas.

Fig. 05 - Componentes do Desempenho

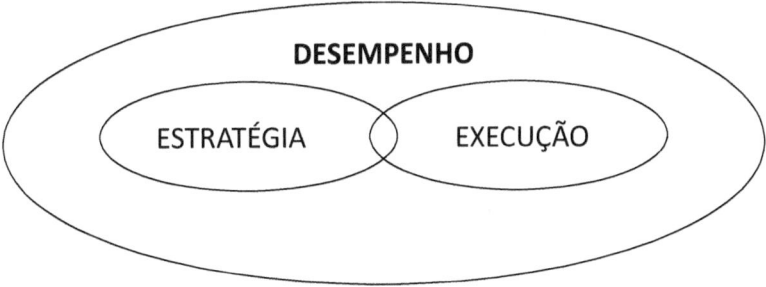

1º Componente

Recordando o que vimos no artigo 3.1, a estratégia é um trabalho que nasce da atividade permanente de estar próximo aos clientes, ouvindo, interagindo entendendo e antecipando as suas necessidades, procurando valores agregados distintos da concorrência, para criar a vantagem competitiva.

Como o mercado é imprevisível e os clientes mudam de desejos, necessidades e comportamentos com muita velocidade, o negócio está sob constante mutação.

Perguntas como as apresentadas abaixo estão permanentemente na cabeça do pessoal de marketing, para agir sempre que um destes fatores possa sinalizar uma ameaça ou uma oportunidade:

Será que conhecemos bem nossos clientes?

Será que estamos identificando corretamente seus problemas?

Será que estão satisfeitos com os benefícios ou soluções que estamos oferecendo?

Será que não há uma forma mais eficaz ou mais econômica de atendê-los?

Será que os clientes percebem e valorizam os valores agregados que ofertamos?

Será que conhecemos bem nossos concorrentes? Quais os seus próximos passos?

Será que somos uma empresa fácil de fazer negócios?

Conhecemos quem está entrando no mercado e que ofertas estão trazendo? O que sabemos a respeito deles?

Que precisamos fazer para aumentar o market share?

Que outros segmentos estamos deixando de atender?

Como inovar para ser diferente?

Outra fonte importante de atualização e desenvolvimento de novas ideias, dependendo dos bens e serviços, são as feiras e exposições que ocorrem ao redor do mundo, onde poderão encontrar novas inspirações, novos modelos de negócio, além dos contatos que são muito importantes.

2º Componente

A Execução baseia-se na habilidade e competência dos Gestores, que em conjunto com os seus Colaboradores aplicam conhecimento e tecnologia para produzir os produtos e serviços e entregar ao cliente.

A Execução começa com a formulação de um Plano Operacional, (PO) em algumas organizações também chamado de Plano Tático, cuja finalidade é estabelecer as premissas e alinhar pessoas e recursos na direção dos resultados a serem alcançados (atender os clientes e ganhar dinheiro).

O PO é o guia destinado a balizar as decisões internas em busca deste resultado, representado por um conjunto harmonioso de objetivos que devem ser bem desafiadores, porém exequíveis.

Um PO bem feito tem, acima de tudo, a função de canalizar os esforços de todos num sentido único, evitando dispersão.

Se a Direção envolver as equipes na sua construção, obterá um comprometimento com as metas propostas, porque elas conhecendo o ambiente onde se desenrolam as atividades estarão em melhor posição para contribuir, pois podem antecipar aquilo que pode ou não dar certo.

Como dizem Bossidy e Charan, o planejamento é o momento em que devemos fazer um balanço do que passou e olhar para que direção vamos seguir, em termos específicos, como estão as vendas, os custos, a operação, etc comparando-os com o setor, avaliar riscos, alternativas, aproveitar para solucionar aquelas questões críticas e implementar as oportunidades de melhoria.

Existe um hábito em muitas empresas de chamar o PO de plano estratégico. Costumo dizer que Plano Estratégico é aquele que muda modelo de negócios, altera estrutura, modifica a estratégia com fusões, incorporações, e não tem época para ser realizado, ao passo que PO é realizado rotineiramente uma vez por ano.

Às vezes, pode até ocorrer que dentro do PO surja a necessidade de alguma mudança como comentado acima. Neste caso, essa mudança deve ser tratada separadamente, fazendo-se neste caso, um Plano Estratégico específico.

Pode ocorrer também a necessidade de lançamento de novos produtos, onde é necessário como vimos no capítulo anterior a elaboração de um Plano de Negócios e da mesma forma, deve ser tratado separadamente.

4.2 Plano Operacional

O PO é uma ferramenta de curto prazo (três anos, no máximo cinco) porque não vivemos um cenário econômico social de grande estabilidade e 36 meses é um prazo razoável para a execução dos planos de ação.

O PO deve ser formatada para atender aos objetivos dos Sócios (acionistas), Clientes, Processos e Pessoas, através de metas específicas, interligadas numa relação de causa e efeito.

A construção do PO obedece a um roteiro de cinco etapas previamente estabelecidas e geridas por um Comitê de Planejamento, formado pelos membros do Comitê Executivo e Gestores de Macroprocessos de Negócios.

Etapas:

1. Análise de Cenário
2. Definição de Objetivos
3. Elaboração de Projetos
4. Planos de Ação
5. Gerenciamento

4.2.1 – Análise de Cenário

Não bastasse os esforços para lograr uma Execução bem-sucedida, a Gestão é forçada a conviver com fatores externos que, via de regra, nem sempre conspiram a favor, requerendo constantes avaliações, acordos, parcerias e tomada de decisões para minimizar seus impactos nos negócios, porque citados fatores estão fora da órbita de controle da empresa, mas sofre seus efeitos e nem sempre tem poder de agir sobre as causas. São exemplos:

a) Inflação
b) Câmbio
c) Aumento de Impostos
d) Pressão de Sindicatos
e) Pressão de fornecedores
f) Mercado externo
g) Desastres ambientais
h) Movimentos sociais e políticos

Por isto, quando da montagem do PO devemos ficar atentos ao cenário, para que possamos eleger um caminho que contemple os efeitos mais prováveis em nossos negócios e criar mecanismos de proteção.

Para trazer o Cenário para dentro do ambiente do PO recomendo sempre a contratação de um Consultor pelas suas fontes e experiência na análise das informações. Algumas empresas contratam mais que um Consultor para ter opiniões distintas sobre o mesmo assunto, fortalecendo sua escolha.

As informações vindas destes Consultores são de regra geral:

a) Percentual de crescimento do PIB
b) Taxa oficial de juros
c) Percentual de crescimento do Setor
d) Percentual crescimento do mercado externo
e) Taxa de inflação
f) Projetos políticos que possam influir na macroeconomia
g) Principais investimentos do governo

A exposição do Consultor deve servir para formação de opnião do Comitê, olhando os dados históricos dos últimos 5 anos e uma projeção para os 5 anos seguintes.

Dependendo da atividade, a empresa pode solicitar outros dados, como por exemplo: volumes de importação, exportação, mercado de capitais de outros países, etc.

Este conjunto de dados vai ajudar a enxergar um comportamento pouco provável, provável e mais provável, sendo este último usado como base para projeção de preços, salários, custos, inflação, etc., na elaboração do PO.

4.2.2 – Definição de Objetivos

Definido o cenário mais provável, tem-se início à construção do PO que começa pela definição da meta financeira dos Sócios (Acionistas) representada por um percentual da geração de caixa para cada negócio, normalmente calculada com base em taxas de remuneração de capital acrescido de um adicional de risco, em taxas de rentabilidade do setor, ou cálculo de retorno de investimento do negócio. Esta meta vai servir de marco para a definição das demais metas.

Em reunião do Comitê Executivo com todos os Gestores de Processos, de preferência fora do ambiente da empresa, o CEO faz um relato dizendo que a empresa precisa continuar crescendo, que necessita de uma atualização tecnológica, de desenvolver novos produtos, ampliar o estabelecimento, criar novas unidades, etc. etc., e que, portanto, são necessários recursos adicionais nos próximos anos, razão pela qual convoca a todos para um grande desafio:

Aumentar a geração de caixa da empresa em 20% nos próximos 3 anos (desdobrar por negócio)

Para alcançar este objetivo, segundo cálculos preliminares, sujeitos a validação posterior, o CEO, diz que é necessário:

- Aumentar o volume faturamento em 18%
- Aumentar o volume de produção em 20%
- Aumentar a produtividade em 15%
- Reduzir o Custo Financeiro em 10%

A seguir, informa os dados que deverão servir de base para as projeções dos próximos três anos:

- Inflação oficial : 15 %
- Preços: 1% acima dos níveis de inflação
- Taxa de crescimento do Setor: 10%
- Taxa oficial de juros: 20%
- Aumento da folha de pagamento: 19%
- Aumento de energia elétrica: 30%
- Aumento de impostos: nada previsto
- Aumento de combustível: 25%
- Aumento de custos em geral: segundo a inflação

Assim é dada a largada. Todos tomam conhecimento dos volumes de faturamento e produção, dos parâmetros para corrigir custos e preços, e retornam as suas bases para pensar em projetos que permitam alcançar a meta dos Sócios (Acionistas).

Os Líderes reúnem-se com suas equipes e passam a debater sugestões, estudos e ideias a respeito.

Após várias reuniões destes Líderes, nasce uma lista de propostas separada em três perspectivas: Clientes, Processos e Pessoas que são entregues a três Gestores - cada um com uma perspectiva - incumbidos de avaliar a viabilidade e elaborar projetos.

Após muito trabalho, o Gestor de Clientes, vai dizer que, para aumentar as vendas em 18%, é importante que os clientes estejam muito satisfeitos com os benefícios e soluções que estão recebendo, com a maneira de negociar, com a política de preços, com a variedade da linha de produtos e também com a qualidade, logo, é preciso:

Aumentar o nível de satisfação dos clientes de 75% para 85%

Para tanto, será necessário revisar a política de comercialização, ampliar força de vendas, desenvolver novos mercados, lançar novos produtos e melhorar o atendimento.

O Gestor de *Processos* vai dizer que para aumentar o nível de satisfação dos clientes proposto, os processos precisam melhorar muito na sua *capacidade de* atender as especificações, cumprir os *prazos* prometidos, solucionar mais rápido as *reclamações*. Portanto, é necessário:

Aumentar a eficiência operacional de 80% para 90%

Por isto, terão que aumentar a produtividade, através de redesenho de processos, automação e simplificação de tarefas, melhorar a qualidade dos produtos, reduzir perdas, aumentar a utilização e reduzir as falhas.

O Gestor de Pessoas vai relatar que, para atingir o nível de eficiência operacional proposto, é preciso ter pessoas mais *qualificadas* e *comprometidas* com o negócio.

Para que isto ocorra, elas devem estar *satisfeitas* com as políticas da empresa (carreira, remuneração, higiene e segurança, clima, etc.) e com as possibilidades de reconhecimento e valorização no trabalho, portanto, é preciso pensar em:

Aumentar o índice de satisfação dos Colaboradores de 80% para 90%

Reexaminando as lacunas de habilidade e competências a preencher, revisar as políticas mecanismos de motivação e trabalhar no comportamento da liderança.

Como se pode notar, nesta relação de causa e efeito, partindo do objetivo financeiro dos Sócios (Acionistas), chega-se a diversos problemas que precisam ser resolvidos para assegurar o alcance daquela meta.

Esse desdobramento serão apresentados e debatidos pelos 3 Gestores com o Comitê de Planejamento. Se aprovados, cada um retorna a sua base e começa a desenvolver os projetos que irão garantir o resultado proposto.

4.2.3 - Elaboração de Projetos

Cada projeto deve ser consistente e capaz de alcançar a meta proposta, portanto, os cálculos devem ser feitos tantas vezes quantas necessárias para poder assegurar seu cumprimento.

As vezes se verifica que não há tempo nem recursos para fazer tudo que é necessário, então a equipe deve se concentrar nos projetos mais importantes e vitais, lembrando-se da relação 80/20 do economista italiano Alfredo Paretto, que dizia: 80% das vendas vêm dos 20 principais clientes; 80% das falhas estão em 20% das causas, e assim por diante.

Assim sendo, é fundamental avaliar o impacto na meta dos *Sócios* (*Acionistas*) e caso seja negativo, deve-se retornar ao Comitê de Planejamento para decidir o que fazer.

Simultaneamente ao detalhamento dos projetos, devem ser relacionados os investimentos necessários, e enviados ao Gestor de Desenvolvimento para fazer as especificações técnicas e pesquisar preços e prazos de entrega, com o apoio do Gestor de Suprimentos.

Concluída esta etapa, cada equipe monta o Painel de Projetos (ver fig. 06 e 06A) e envia aos Gestores dos Processos Contábil e Financeiro para projetar os *Resultados, Cash-Flow* e *Balanço*, a fim de verificar a sustentabilidade da meta dos *Sócios (Acionistas).*

Depois disto, marca-se nova reunião com o Comitê de Planejamento onde cada Gestor fará sua apresentação. Surgirão dúvidas, questionamentos e até alterações, pois o que se visa é assegurar que os projetos atinjam a meta principal.

Em caso de alterações, o Gestor responsável retorna com a equipe, para fazer as modificações. Feito isto, os cálculos são refeitos para ver o impacto das alterações e r retornam para aprovação. Esse vai e volta é absolutamente normal nesta fase do Planejamento. Fig. 06 - Painel de Projetos

DIMENSÃO	OBJETIVOS	PROJETOS	AÇÕES	EQUIPE	PRAZO	INVESTIMENTO US$ MIL
EMPRESA	AUMENTAR A GERAÇÃO DE CAIXA DA EMPRESA EM 20%	1. AUMENTAR O VOLUME DE FATURAMENTO EM 18%	• Lançar 10 novos produtos;	VENDER	MAR 15	200
			• Abrir mais 8 filiais;		SET 15	300
			• Aumentar o orçamento promocional em 20%		NOV 15	450
		2. AUMENTAR O VOLUME DE PRODUÇÃO EM 20%	• Reduzir o tempo de acabamento em 50% com o uso de tecnologia;	PRODUZIR	FEV 15	500
			• Criar o 3º turno de produção		SET 14	150
		3. DIMINUIR OS CUSTOS OPERACIONAIS EM US$50 POR UNIDADE	• Reduzir 10% nos custos de manutenção, via negociação de contratos;	PRODUZIR	JUN 14	0
			• Elaborar programa para redução de 5% no consumo de energia elétrica;		AGO 14	0
			• Reduzir 15% nos custos de Fretes, terceirizando a operação.	ENTREGAR	JAN 16	0
		4. REDUZIR 10% DO CUSTO FINANCEIRO SOBRE O CAPITAL DE GIRO	• Baixar 15% dos estoques de matérias primas, mediante negociação Just in Time;	COMPRAS	JUL 15	0
			• Reduzir o índice de inadimplência de clientes de 7 para 3%	FINANÇAS	DEZ 14	0
PROCESSOS	AUMENTAR A EFICIÊNCIA DA OPERAÇÃO DE 80 PARA 90%	1. ESTABILIZAR PROCESSOS CRÍTICOS	• Reduzir o percentual de produtos defeituosos de 14 para 5;	PRODUZIR	NOV 14	0
			• Reduzir as paradas mensais de manutenção de 12 para 4		OUT 14	0
		2. AUMENTAR A PRODUTIVIDADE EM 15%	• Aumentar o rendimento de 87 para 95%;		MAI 15	0
			• Automatizar os processos via ERP		SET 16	402

DIMENSÃO	OBJETIVOS	PROJETOS	AÇÕES	EQUIPE	PRAZO	INVESTIMENTO US$ MIL
CLIENTES	AUMENTAR NO NÍVEL DE SATISFAÇÃO DOS NOSSO CLIENTES DE 75 PARA 85%	1. MELHORAR A QUALIDADE DO ATENDIMENTO	• Aumentar o número de visitas anuais de 1 para 2 aos principais clientes;	VENDER	MAR 14	50
			• Solucionar todas as reclamações em 24;		JUN 14	100
			• Reduzir o prazo de entrega de 12 para 7 dias	ENTREGAR	DEZ 14	0
		2. TORNAR-SE UMA EMPRESA FÁCIL DE FAZER NEGÓCIO	• Treinar nossos vendedores no conceito "A hora da verdade";	VENDER	JAN 15	30
			• Simplificar o site, cadastro, pedido e manual de instalação;		DEZ14	50
			• Reduzir o prazo de aprovação de crédito de 72 para 24 horas.		AGO 14	0
PESSOAS	AUMENTAR ÍNDICE DE SATISFAÇÃO DOS COLABORADORES DE 80 PARA 90%	1. CONCLUIR O PROGRAMA DE CAPACITAÇÃO EM 18 MESES	• Aperfeiçoar e aplicar 100% dos programas de capacitação para líderes e colaboradores	RECURSOS HUMANOS	JUN15	50
			• Subsidiar 100% dos custos de mestrado e doutorado a todos os líderes e colaboradores		JUN 15	250
		2. CONCILIAR INTERESSES EMPRESA/ COLABORADOR NO PERÍODO	• Criar um sistema de premiação para os projetos seis sigma;		DEZ14	150
			• Revisar e aperfeiçoar os programas de benefícios		DEZ 15	150
			• Aperfeiçoar e reciclar o programa de conceitos sobre cultura, ética e cidadania		DEZ 16	0
		3. MELHORAR RELAÇÃO ENTRE LÍDERES E COLABORADORES.	• Desenvolver e aplicar programas de:			
			- Portas Abertas		JUN14	0
			- Café com Gestores de Macro Processamento e Comitê Executivo		DEZ 14	10
			- Feedback		JUN 15	0
			- Visita de familiares		JUN 15	20

4.2.4 Plano de Ação

Aprovado os projetos, resta fazer o Plano de Ação, documento do PO que apresenta de forma detalhada, as ações descritas no Painel de Projetos.

O Plano de ação deve ser separado por perspectiva e é o instrumento usado nas reuniões mensais do Gestor e suas equipes para avaliar o (ver parágrafo 4.2.5) previsto, realizado e tomar medidas corretiva, se for o caso.

A maior ênfase é dada ao primeiro ano, onde é feito um detalhamento mensal do que fazer, como fazer, quem fazer, quando fazer, porque fazer, deixando os projetos do segundo e terceiro ano, como referências a serem revisadas no próximo ciclo. (ver fig.07)

Fig. 07 - Plano de Ação

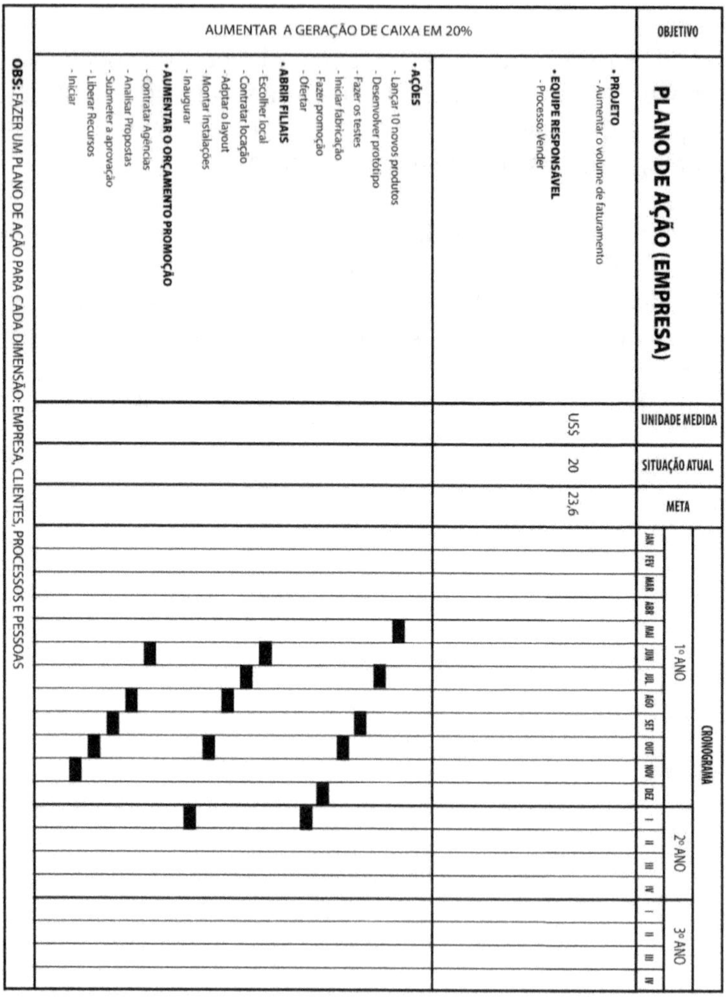

PLANO DE AÇÃO (EMPRESA)

OBJETIVO	UNIDADE MEDIDA	SITUAÇÃO ATUAL	META
AUMENTAR A GERAÇÃO DE CAIXA EM 20%	US$	20	23,6

• PROJETO - Aumentar o volume de faturamento

• EQUIPE RESPONSÁVEL - Processo: Vender

CRONOGRAMA — 1º ANO (JAN FEV MAR ABR MAI JUN JUL AGO SET OUT NOV DEZ), 2º ANO (I II III IV), 3º ANO (I II III IV)

• AÇÕES
- Lançar 10 novos produtos
- Desenvolver protótipo
- Fazer os testes
- Iniciar fabricação
- Fazer promoção
- Ofertar

• ABRIR FILIAIS
- Escolher local
- Contratar locação
- Adptar o layout
- Montar instalações
- Inaugurar

• AUMENTAR O ORÇAMENTO PROMOÇÃO
- Contratar Agências
- Analisar Propostas
- Submeter a aprovação
- Liberar Recursos
- Iniciar

OBS: FAZER UM PLANO DE AÇÃO PARA CADA DIMENSÃO: EMPRESA, CLIENTES, PROCESSOS E PESSOAS

4.2.5 Gerenciamento

Concluídos e divulgados os Planos de Ação, todos sabem a partir deste momento, onde queremos chegar nos próximos três anos, que desafios temos de enfrentar e qual a parcela de contribuição de cada um. Conforme já comentamos anteriormente, o envolvimento das equipes na construção do Plano traz um importante comprometimento com os objetivos da empresa.

O gerenciamento do PO é feito mensalmente, quando os Gestores e suas equipes se reúnem com o Gestor de Macroprocesso para comparar os resultados realizados com os previstos e fazerem as propostas de correções que por acaso sejam necessárias.

Trimestralmente, os Gestores também se reúnem com o Comitê de Planejamento para apresentação e comentário da performance do período, restringindo-se a comentar apenas os eventuais desvios entre o planejado e realizado.

Para cada desvio, o apresentador deve mostrar a análise das causas prováveis e que contramedidas aplicadas para corrigir o desvio. Nada mais.

Sabemos que as pessoas têm orgulho de mostrar também os resultados positivos, às vezes até superior ao previsto, mas isto deve ser feito entre as equipes.

Nas reuniões trimestrais com o Comitê de Planejamento, o foco são apenas os desvios. Esta reunião não é feita para justificativas ou desculpas.

Deve-se apenas apresentar o que aconteceu, quais as causas e quais medidas corretivas aplicadas, conforme o indicado no círculo do PDCA (fig. 08), instrumento introduzido por Deming e aperfeiçoado pelos japoneses.

Porém, se algum destes desvios possa vir a comprometer a meta dos Sócios (Acionistas), este é o momento de comentar para que o Comitê de Planejamento possa tomar conhecimento e indicar que medidas devem ser tomadas.

Como a execução do PO é intensa e envolvente, precisamos tomar certo cuidado com relação ao seguinte: os recursos estão alocados nos projetos, todas as pessoas estão empenhadas no cumprimento das metas, logo ninguém gostaria de interromper as ações em andamento.

Mas como as vezes é necessário explorar ou resguardar interesses, porque ocorrem mudanças de cenário não previstas que podem afetar os negócios tanto positivamente (oportunidades) quanto negativamente (ameaças), não podemos ficar um ano de braços cruzados ou postergar decisões que mais tarde podem trazer consequências indesejáveis.

Por isto, não se deve alocar 100% dos recursos ao PO. A recomendação é trabalhar nos projetos vitais e deixar uma reserva para fazer frente a eventuais mudanças de percurso.

Fig. 08 - PDCA

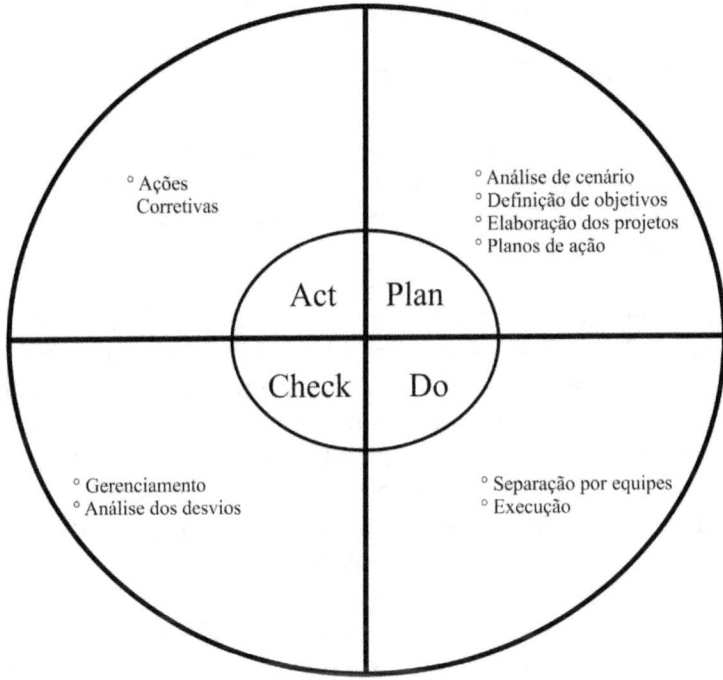

4.3 Excelência

Concluida a breve explanação sobre o Plano Operacional, vamos nos focar agora nas técnicas e ferramentas empregadas na gestão dos Processos, que devem ser aplicados pelos Gestores no seu dia a dia, afim de melhorar a eficiência da operação.

Falaremo a respeito de controle estatístico de processo, solução de problemas, padronização, entre outros.

4.3.1– Lean Organization

Antes de entrar no assunto propriamente dito, gostaria de recordar que depois da segunda guerra mundial a indústria japonesa tinha dois grandes problemas: baixa produtividade e recursos limitados.

A fábrica da Toyota liderada pelo seu Diretor Taiichi Ohno, que em 1975 tornou-se Vice-Presidente Executivo, fundamentado nos ensinamentos de Deming desenvolveu um conceito de administração aparentemente simples, porém trabalhoso na mudança cultural da liderança e colaboradores, chamado lean manufacturing (produção enxuta) que prescrevia a eliminação de subutilização, desperdícios, baixo rendimento e não conformidades como veremos mais adiante.

Esse conceito se consolidou na década de 70 e passou a ser aplicado também pelas empresas do ocidente com muito sucesso, porém não ficou restrito somente a cadeia produtiva.

Foi preciso pensar na "empresa enxuta" (lean organization) e não apenas na produção enxuta (lean manufacturing), pois os desperdícios e demais tarefas que não agregam valor estão presentes em todos os processos, comercias, técnicos, administrativos, serviços, financeiros, etc. etc.

Por isto hoje em dia, a liderança vem disseminando essa nova cultura pois é a única maneira de ter um serviço ou produto limpo no sentido de não transportar a ineficiência para o cliente.

A produção enxuta migrou também para a indústria de serviços, especialmente aquelas do "mercado de informação" que também tem sua "cadeia produtiva", igualmente complexa onde ideias e conhecimento se transformam em aplicativos e produtos físicos de consumo em massa. A Google e Facebbok são exemplo do uso dessa prática, no desenvolvimento de seus produtos.

Voltando então ao tema inicial, podemos dizer que a empresa enxuta é aquela que obtém bom nível de utilização de seus equipamentos, quando gera pouco desperdício, quando tem elevada taxa de rendimento e baixo índice de não conformidades. Este conjunto de fatores pode qualificar positivamente ou negativamente a eficiência de uma empresa.

Podemos dizer também que a empresa que pratica este conceito, tem elevado nível de excelência. Quando falamos de excelência, não estamos nos referindo a coisas miraculosas, estamos apenas dizendo que é preciso fazer o que é certo, da forma certa, na hora certa, ou seja, de maneira previsível com os níveis de anomalias dentro de padrões mínimos de aceitação.

4.3.2 Utilização

É comum empresas fazerem altos investimentos em equipamentos, edifícios, depósitos, escritórios e depois passarem anos subutilizando-os. É comum também ver maquinário com capacidade para 100% operando anos e anos com 60% ou 70%, ora porque o projeto foi mal feito, ou o mercado foi mal dimensionado, as pessoas não foram capacitadas e assim por diante. Desculpas não faltam.

É comum ver caminhões com capacidade para 20 t rodando 75% das vezes com 12 t, tanques com capacidade para 60 mil litros que nunca ultrapassaram de 45 mil, copiadoras com capacidade para mil cópias dia que nunca copiaram mais que

600, galpões ocupando 50% da área prevista, e assim por diante. Este superdimensionamento custou caro e está gerando perdas, pela sua baixa utilização.

4.3.3 Desperdícios

Estes, então, são imensos. Compra de 100 peças de reposição quando o consumo é de 10 por mês, fabricação de 500 refeições por turno onde não são consumidas mais que300, máquinas com constantes vazamentos de óleo, materiais de construção usados para construir um edifício quando daria para construir quase dois, e por aí vai uma infinidade de exemplos, tanto nas áreas técnicas quanto nas áreas comerciais e administrativas. Quem não costuma ver luzes de corredores e salas acesas noite e dia, quando não há mais expediente?

4.3.4 Rendimento

Quem não conhece processos produtivos que recebe 100 t de matérias-primas e entrega 85 t de produtos acabados, gerando montanhas de sucata? Subutilização, desperdício e baixo rendimento representam um custo enorme para a maioria das empresas e pode perfeitamente ser evitado.

Segundo Moura, estima-se que estas perdas representem em torno de 20% do faturamento anual das empresas de um modo geral, que ao final são repassadas aos clientes via preço, perdendo a empresa a oportunidade de ser mais competitiva ou de ter melhor rentabilidade.

4.3.5 Não Conformidades

Ao lado das perdas comentadas, não conformidades é outro quesito importante. Não conformidade é toda falha no processo que resulte em prejuízo ao cliente.

Produtos com defeito, erro no despacho de produtos, engano na emissão de faturas, embalagem trocada, erro na folha de pagamento, excesso de horas extras, excesso de estoques, custos elevados, erro na guia de recolhimento, extravio de bagagens, transferência de chamadas para a pessoa errada, tempo longo de espera, produtos reprocessados duas ou três vezes, movimentação interna inadequada, vendas perdidas por mal atendimento, demora na aprovação de crédito, etc. etc. são alguns dos inúmeros exemplos vistos no cotidiano das empresas.

Os Gestores precisam enfrentar esta situação com tolerância zero. Não tem sentido conviver com estas anomalias eternamente sem solução. Os números são assustadores, e as pessoas tendem a crer que isto é assim mesmo, que tudo isto é normal e faz parte da operação. Não dá para aceitar. Isto não é normal é preciso trabalhar com obstinação para zerar estas anomalias, pois o cliente não pode arcar com este ônus.

Sabemos que o defeito zero é impossível, mas há maneira de reduzi-lo a um nível razoável de aceitação, trabalhando principalmente na variabilidade e a dispersão dos processos, além de uma forte disciplina e capacitação da equipe.

Para que possamos tomar qualquer medida primeiramente é fundamental conhecer estas perdas e não conformidades, portanto é preciso medir (muitas empresas não medem) e estampar nos painéis de controle, para chamar atenção de todos, indicando que aí existe um problema e que não vem sendo tratado.

Medir

Muitos profissionais alegam que a medição é difícil, principalmente nas áreas não técnicas. Embora possa exigir um pouco de trabalho, podemos afirmar que a maioria das coisas que se passam no âmbito de uma empresa pode ser medida. É só começar a observar e anotar. Lembre-se da máxima: quem não mede, não gerencia.

Um cuidado: ao medir, tome cuidado com as médias, porque por detrás delas podem se esconder variações importantes. Por exemplo, prometemos pagar nossas contas em 10 dias, porque sabemos que a nossa média de pagamento é de seis, mas olhando de forma individual, 15% das contas estão sendo pagas com atraso e a média esconde esta não conformidade.

A medição não necessariamente é manual. Existem dispositivos instalados nos equipamentos que registram estes dados e que são imediatamente carregados nos Painéis de Controle. Vivemos a era da informática.

O Painel de Controle mostrado na fig. 09 é um exemplo o baseado num processo de manufatura, mas é perfeitamente possível utilizá-lo em qualquer natureza de processo, quer seja comercial, de serviços ou de apoio.

Fig. 09 - Painel de Controle

PAINEL DE CONTROLE

				PROCESSO:	RESPONSÁVEL:

Os valores assinalados com ° estão circulados no original (○ = VALORES FORA DO ALVO). DATAS DE MEDIÇÃO.

FATORES CRÍTICOS	UNIDADE MEDIDA	FREQUÊNCIA	ALVO													
UTILIZAÇÃO DE EQUIPAMENTOS	%	DIÁRIA	90	85°	82°	91	80°	84°	85°	87°	90	88°	92	89°	90	91
PRODUTOS COM DEFEITO	%	DIÁRIA	1	01	02°	03°	01	02°	03°	04°	01	02°	03°	02	01	01
RECLAMAÇÕES POR QUALIDADE	QUANT.	MÊS	2	30°	20	22	23	24	26°	20	24	20	28°	27°	24	23
PARADAS POR MANUTENÇÃO	HORAS	MÊS	24	03°	03°	03°	04°	02	02	02	02	01	28°	27°	24	23
HORAS EXTRAS	HORAS	MÊS	50	40	44	50	46	42	43	52°	55°	48	57	60°	45	40
PERDAS NO PROCESSO	%	DIA	2	01	02	02	02	03°	01	0	0	02	04°	02	02	02
TAXA DE REPROCESSO	%	MÊS	1	0	0	0	02°	01	01	01	0	0	02°	01	01	01

○ VALORES FORA DO ALVO

OBS: EXISTEM DOIS PAINÉIS DE CONTROLE: UM PARA GERENCIAMENTO DOS FATORES CRÍTICOS E OUTRO PARA GERENCIAMENTO DAS METAS DO PLANO OPERACIONAL. O MODELO É SEMELHANTE.

Controle Estatístico de Processo

Um dos instrumentos utilizados na medição é o controle estatístico de processo. Pensemos o seguinte: no mundo nada é absoluto. Tudo tem variação. Nos processos também. Nosso esforço é trabalhar para que a variação se situe dentro de um nível aceitável pelo cliente.

Controle Estatístico de Processo (CEP), é uma ferramenta desenvolvida por Shewart da Bel Laboratories na década de 1920, hoje largamente utilizada pela maioria das empresas ao redor do mundo, não somente em processos industriais, mas também em processos de natureza comercial e de serviços.

O CEP é calculado mediante a coleta de dados da medição e lançados em Gráficos de Controle, também chamados de cartas de controle para verificar se o mesmo permanece ou não dentro dos limites de especificação (LSE= Limite Superior de Especificação e LSI= Limite Inferior de Especificação).

Este limite é chamado de desvio-padrão calculado, tendo como denominador três ou seis sigmas. As variações sao de duas naturezas: aquelas inerentes à natureza do processo, chamadas de causas comuns e aquelas derivadas de fatores específicos, chamadas de causas especiais.

As causas comuns inerentes à operação e as causas especiais são provocadas por anomalias ocorridas no decorrer da operação, que precisam ser tratadas via procedimentos de estabilização, como veremos no parágrafo 4.4.2.

Observe na fig. 10 que o primeiro gráfico mostra duas situações. Na primeira, a dispersão é alta (faixa entre o LSE e LSI) e a variação também, porque por diversas vezes os pontos caem fora dos limites de controle.

No segundo gráfico, o processo já foi estabilizado. A dispersão continua alta, mas os pontos já não caem fora dos limites.

No terceiro gráfico, o nível ideal foi atingido: o processo se estabilizou, os pontos continuam caindo dentro limites e nota-se que foram implementadas melhorias no processo, pois a dispersão também reduziu.

Reforçando o comentário sobre medição, não podemos partir para solução de qualquer problema, sem antes ter um sistema permanente de registro de fatos e dados confiáveis para saber corretamente como resolver o problema. Não se resolve problemas "achando" que é por causa disto ou daquilo, é preciso análise estatística dos dados.

Fig. 10 - Gráficos de Controle

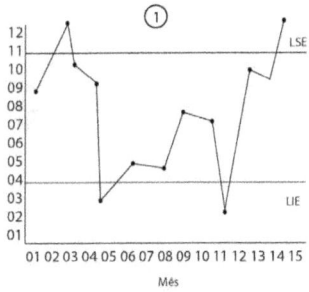

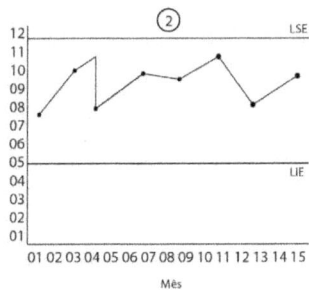

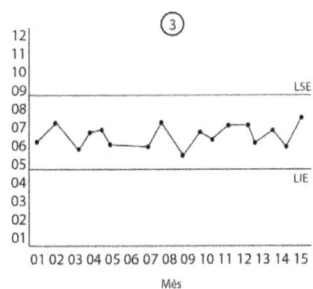

4.4 Solução de Problemas

Como comentamos anteriormente, para que uma empresa possa alcançar níveis de excelência em seu negócio, é necessário ter processos com previsibilidade, ótimo nível de utilização, sem perdas fora dos limites, alto nível de rendimento e baixo índice de não conformidades, portanto, é preciso trabalhar incansavelmente na (s) causa (s) que deram origem a esses problemas para removê-los, constatados na verificação do CEP.

Culturalmente, temos o hábito de denominar de problema todo e qualquer evento indesejado ou qualquer coisa que ocorra fora da normalidade, mas problema é somente aquilo que afeta fundamentalmente tudo que foi prometido ou contratado com o cliente (externo ou interno).

Como já sabemos, do ponto e vista da empresa, o Cliente Externo é aquele que compra nossos bens e serviços que temos o dever de atender.

Cliente Interno é aquele que recebe nossos outputs para complementar a sequência lógica do seu processo ou para utilizar como meio para suportar a execução de suas atividades.

Também são considerados Clientes Internos os Colaboradores, que necessitam receber capacitação e toda série de serviços para pode executar corretamente suas tarefas e também os Sócios (Acionistas), que precisam obter dos negócios, o retorno do investimento de forma sustentável, fator essencial para sobrevivência do negócio.

Existem problemas simples, difíceis, complexos, que precisam ser solucionados dentro das mais variadas instâncias, utilizando-se as técnicas e ferramentas adequadas e tratados com medidas eficazes para eliminar as causas que deram origem aos problemas.

Normalmente as perdas e falhas (problemas) são reconhecidas pelos sintomas: um índice fora da curva, uma perda acima do esperado, um erro, um percentual de vendas perdidas, um percentual de atraso no pagamento das contas, um percentual de defeitos acima da média, um custo alto, um desperdício, um baixo rendimento, são alguns exemplos.

Qual o primeiro passo? Remover o sintoma, claro, e depois, identificar e investigar a (s) causa (s) para tomar as medidas corretivas evitando sua repetição no futuro.

Por exemplo, ocorre um incêndio: qual o sintoma? Fogo, fumaça, etc. Qual a primeira medida? Remover o sintoma, claro, isto é, apagar o incêndio. O passo seguinte é identificar e investigar a (s) causa (s) para evitar seu reaparecimento.

A febre é um sintoma de infecção. Qual o primeiro passo? Baixá-la, depois buscar as (s) causa (s) da mesma e tomar as medidas adequadas para evitar o seu retorno. Pode ser que a febre volte, mas não por aquela causa. Se for pela mesma, o problema não foi adequadamente tratado.

Infelizmente, vemos com muita frequência no âmbito das empresas privadas e principalmente públicas que a maioria dos problemas são tratados somente com a remoção dos sintomas.

Tempos depois, o problema reaparece, porque a causa fundamental originalmente não foi investigada e não se tomou as medidas de bloqueio necessárias.

Existem dois tipos de problemas: de Operação e Inovação. De Operação quando procuramos solucioná-los para manter os resultados dentro dos padrões esperados, ou seja, dentro dos limites desejados pelo cliente.

De Inovação quando desejamos solucionar problemas críticos, graves para dar um salto de qualidade, ou seja, atender a uma nova exigência dos clientes, melhorar significativamente um produto para reduzir radicalmente a dispersão do processo, saindo de três para seis sigmas, etc. O diagrama abaixo mostra essa situação.

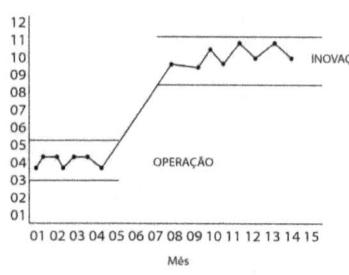

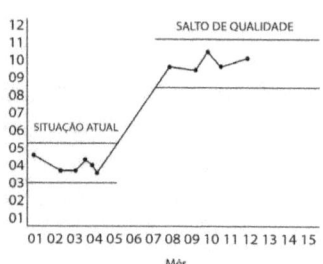

4.4.1 Técnicas e Ferramentas

Para a solução de problemas operacionais e de inovação, existem duas técnicas que são aplicadas no âmbito das empresas há algum tempo, de forma que estão consolidadas e vem trazendo ótimos resultados.

A primeira é chamada de Tratamento de Anomalias, normalmente utilizada no dia a dia pelos Colaboradores para problemas que ocorrem dentro do próprio processo e, em sua maioria, decorrem de variações inerentes a fatores específicos. As ferramentas mais empregadas são:

- Gráficos de Controle
- Diagrama de Paretto
- Folhas de Verificação
- Diagrama de Causa e Efeito

Quando os problemas forem mais difíceis, normalmente envolvendo dois ou mais processos, a segunda técnica utilizada é o MASP (Método de Análise e Solução de Problemas), adaptada do *QC Story* japonês, introduzido no Brasil por Falconi há mais de 30 anos, bastante conhecido dos Gestores brasileiros.

A diferença entre uma técnica e outra é que no MASP há o envolvimento de colaboradores de outros processos e se dá maior profundidade a observação e análise das causas. As ferramentas mais empregadas são:

- Gráficos de Controle
- Diagrama de Paretto
- Folhas de Verificação
- Gráficos de Controle
- Diagrama de Paretto
- Folhas de Verificação
- Diagrama de Causa e Efeito
- Histogramas

Para a solução de problemas de Inovação, de alta complexidade, também é comum utilizar a técnica denominada Seis Sigma, que utiliza ferramentas mais avançadas, aplicando métodos de análise estatística mais rigorosa.

Importante registrar que a técnica Seis Sigma é também muito aplicada a projetos de transformação do negócio, implantação do conceito de empresa enxuta, melhoria de performance, redução de custos, aumento de produtividade, retenção de clientes, lançamento de novos produtos, etc. conforme comentado no parágrafo *Pesquisa de Mercado*.

Seis Sigma apareceu no mundo dos negócios em 1979, no livro *Quality Free* de Philip Crosby, quando ele estudava a questão do defeito zero. Mas seu aperfeiçoamento e larga aplicação ocorreu na década de 1980 na Motorola, dada a necessidade de melhorar os seus produtos e serviços para criar vanagem competitiva.

No entanto, sua projeção no mundo dos negócios veio na década de 1990 na GE, quando Jack Welch a utilizou como instrumento de melhoria da estratégia de negócio. Suas ferramentas são:

- Graficos de Controle
- Diagrama de Paretto
- Folhas de Verificação
- Diagrama de Causa e Efeito
- Diagrama de Relações
- Histogramas
- Diagramas de Dispersão
- Teste de Significância
- Análise de Correlação e Regressão
- Planejamento de Experimentos
- FMEA (análise de modo e efeito de falha)
- Dispositivos a prova de falhas (*poka yoke*)

Não pretendo entrar em detalhe de cada uma destas ferramentas, pois fugiria ao escopo do livro. Devo destacar, no entanto que dentre o rol de habilidades de cada Gestor, solucionar problemas classifica-se em segundo lugar (a primeira é gerir pessoas).

Portanto, assim como a educação financeira que veremos no capitulo 6, a aprendizagem das ferramentas estatísticas é de fundamental importância no rol de conhecimentos dos Líderes, para que decisões não seja tomado com base no "achismo" como já dissemos.

Logo, aqueles que quiserem se aprofundar um pouco mais no assunto, mesmo que não tenha formação acadêmica em estatística, devem estudar - existem cursos específicos de capacitação – para poder usar adequadamente estas ferramentas, adquirindo assim maior conhecimento de interpretação e julgamento dos dados.

A seguir vamos dar um exemplo de tratamento de anomalia, apenas para compreender o método.

4.4.2 Estabilização de Processo

Para estabilizar um processo, como nos explica Falconi, é necessário eliminar a variação decorrente de causas especiais (pontos fora dos limites de controle). Em algumas empresas, quando um Colaborador leva um problema (ponto fora dos limites de controle) ao Gestor, é recebido com cafezinho, porque ele parte do pressuposto que qualquer problema é uma oportunidade de melhora.

Vejamos como funciona este encontro. Relata o Colaborador que é a terceira vez que ocorre o desvio, que das vezes anteriores, tomou algumas providências, mas o desvio continuou. O Gestor ouve, agradece, não sai procurando culpados, apenas diz: "vamos reunir três Colaboradores inteiramente envolvidos na operação, incluindo você, para tratarmos do problema. "

Problema

Feito isto, vão para uma sala, onde há um flip chart, um quadro negro, um computador ou qualquer outro equipamento para anotações, distribui- se algumas folhas de rascunho e caneta a cada Colaborador e após dizer qual o objetivo da reunião pede que digam o que realmente aconteceu, qual era o resultado esperado e qual foi o desvio ocorrido.

Anota tudo isto no quadro e a seguir pergunta: "o Padrão Operacional vem sendo executado corretamente?" Respondem os Colaboradores que já fizeram esta verificação e que o padrão vem sendo executado a mesma tal qual previsto.

Causas

Se o Padrão Operacional vem sendo executado corretamente, precisamos investigar a causa da anomalia e bloqueá-la para que a mesma não mais ocorra. Pede-se que escrevam na folha de rascunho três motivos pelos quais pode ter ocorrido a falha (15 minutos). O pequeno grupo conhecedor do processo, conhecedor do ambiente, convivendo diariamente com aquela rotina, não terá dificuldade em indicar os motivos.

Findo o prazo dado, o Gestor pede que cada um anote no flip chart apenas o motivo no 1. Depois que todos anotaram, reinicia-se o procedimento, anotando o motivo 2 e depois o mesmo com o motivo 3. Se houver coincidência de algum motivo anotado, não precisa repetir.

Ao final, se não houver coincidências, haverá nove motivos que a equipe acha poder ter contribuído para a ocorrência da anomalia. Em sequência pergunta-se: "alguma coisa mais que vocês lembraram agora que deveria ser acrescentado? " Se houver, acrescenta-se; senão, segue-se ao próximo passo que é fazer uma análise de causa e efeito.

Causa e efeito

Compara-se o motivo que está no topo da lista com os demais e faz-se a seguinte pergunta: o que é causa e o que é consequência? O que for consequência deve ser riscado. Repete- se o exercício, comparando o próximo motivo com os demais   e assim por diante. Riscadas todas as consequências, restarão listadas as prováveis causas do problema.

O Gestor faz mais uma pergunta: "depois desta análise, vocês concordam com o que restou? Acham que realmente estas são as causas da anomalia? Gostariam de acrescentar mais alguma? "

Contramedidas

Quando há consenso, o Gestor pede a cada um que escreva na folha de rascunho em seu poder porque acham que ocorre aquela causa. Pode escrever mais de um porquê, se acharem necessário (20 minutos).

Enquanto a equipe trabalha, o Gestor desenha um diagrama de espinha de peixe no quadro, anotando na cabeça o nome da falha e na ponta de cada espinha, as palavras: Procedimentos, Pessoas, Materiais, Informações, Equipamentos e Ambiente.

Terminado o tempo, o Gestor pede que cada um anote os porquês nas espinhas, alinhando-os de acordo com as palavras escritas nas pontas. (Procedimentos, Pessoas, etc.). Havendo coincidência, de "porquês" não se deve repetir.

Concluído, o Gestor pergunta: "olhem para os porquês que vocês anotaram nas espinhas e perguntem a cada uma: se fizermos isto, a falha deixará de existir?" O objetivo é bloquear as causas depois de implantarmos estes porquês. Havendo consenso, o tratamento da anomalia está concluído.

Plano de Ação

O Gestor pede que um membro da equipe levante e vá anotando no quadro a opinião da equipe como fazer a implantação dos porquês, quem ficará encarregado e qual o prazo previsto. Desta forma, está sendo feito o Plano de Ação.

Se alguma contramedida tiver efeito em outro processo, o Gestor se propõe a ajudar a resolver com seu colega. Se alguma das contramedidas estiver relacionada ao fornecedor de material, peças ou matérias-primas, este deve ser convocado para uma reunião com a equipe onde a causa da anomalia será apresentada e se exigirá uma solução. O fornecedor deve apresentar em curto espaço de tempo as medidas necessárias para garantia da especificação requerida e somente após testes do novo material fornecido a certificação será revalidada.

Depois de implementadas ações do Plano, é hora de verificar sua efetividade no Gráfico de Controle. Os Colaboradores voltam a se reunir com o Gestor para apresentar o resultado. Caso positivo, todos serão reconhecidos publicamente e o Gestor diz que em outro caso de anomalia, a equipe fará o tratamento sozinha, assegurando o aprendizado.

Caso as contramedidas não tenham sido suficientes para solucionar o problema, o Gestor deve orientar a equipe a partir para o MASP, técnica um pouco mais avançada, especialmente na análise das causas.

A figura 12 mostra um roteiro de MASP orientado por Falconi a muitos executivos no Brasil e no exterior. É uma forma didática de solucionar problemas e mostrar o uso das ferramentas.

Minha experiência mostra que os tratamentos de anomalia duram em média 1 hora e 30 minutos a 2 horas, solucionam 80% dos problemas e é um aprendizado de grande motivação para as equipes.

Fig. 11 - Tratamento de Anomalias

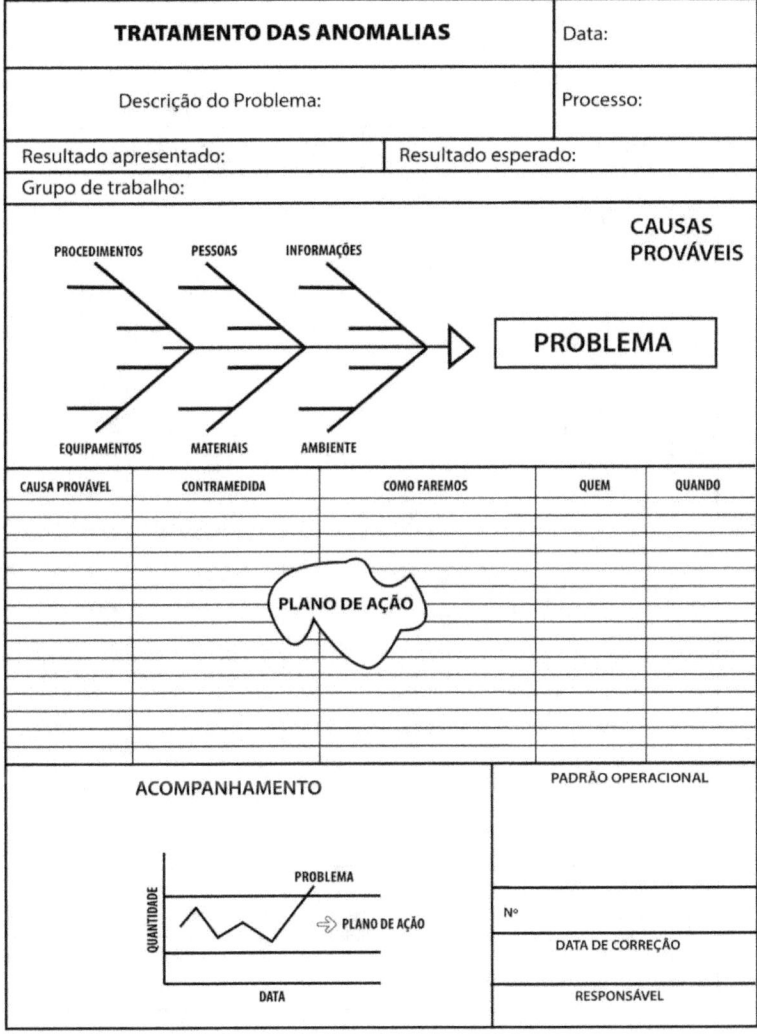

Fig. 12 - Roteiro do MASP

MASP		Data	Processo
Problema:		**Grupo de Trabalho**	
Indicador:		**Situação Atual:**	**Meta:**

PROBLEMA	• Identificar claramente o problema • Fazer um histórico • Ouvir o cliente • Estabelecer a meta desejada pelo cliente • Escrever a carta compromisso do Grupo	Ferramentas Utilizadas: (gráfico: Perdas — atual, viável, J F M A M J J A S O)
OBSERVAÇÃO	• Observar o problema sob vários ângulos • Coletar dados • Estratificar os Dados • Descobrir as características do problema • Estimar um prazo para o MASP	Análise de Pareto (diagrama de Pareto)
ANÁLISE	• Definir as causas influentes • Escolher as causas prováveis • Testar as hipóteses • Verificar consistência das causas	IDENTIFICAÇÃO NO DIAGRAMA DE CAUSA E EFEITO (diagrama espinha de peixe) Diagrama de Relação, Histogramas, Gráficos. • Testar as causas. (gráficos: 100%, A B C D, dispersão, histograma)
PLANO DE AÇÃO	• Elaborar o plano • Distribuir as tarefas • Executar	TAREFA / QUEM / O QUE: • Medir / • Eli / • Pino • Limpar / • Rui / • Piso • Trocar / • Edu / • Eixo • Mudar / • Nei / • Noma
CONCLUSÃO	• Comparar o resultados com a meta • Verificar eventuais efeitos secundários • Mudar os padrões operacionais	(gráficos: Antes / Depois, ΔS, LSC, LIC)

4.4.3 Padrão Operacional

No item anterior, mencionamos o termo padrão. Gostaria de ressaltar que as pessoas têm em mente que padrão é sinônimo de burocracia. O que não é verdade. O Padrão Operacional é o guia para execução de uma determinada tarefa ou atividade, que sempre vai estar no papel, dentro dos sistemas informáticos ou até na cabeça dos Colaboradores, mas sempre existirá um padrão.

A sua finalidade é especificar a forma correta de executar as tarefas e atividades, visando minimizar a ocorrência de desvios , permitir que a operação seja realizada de maneira uniforme e repetível, fator fundamental para o funcionamento correto do processo, garantindo a previsibilidade do resultado esperado.

O padrão é acima de tudo um procedimento que contribui para o não aparecimento de variações por causas especiais. Além disso, serve para treinamento de novos operadores e evitar que cada um faça as coisas segundo suas convicções, prejudicando a qualidade e a produtividade.

Trata-se apenas de um fluxo de atividades e tarefas do processo, indicando que é necessário para execução, quais os pontos críticos que merecem atenção, o que fazer para corrigir (ver fig.13).

Fig. 13 - Padrão Operacional

PADRÃO OPERACIONAL	Nº	Data:
	749/13	31/10/2013

PROCESSO MANUSEIO DESUMIDIFICADOR	Responsável:
	Francisco

EQUIPAMENTO	A QUE SE DESTINA
Imagem Meramente Ilustrativa	Reduzir umidade relativa do ar existente nos ambientes eliminando mofo nas paredes, tetos e armários

O QUE FAZER	COMO FAZER

	O QUE FAZER	COMO FAZER
①	1) TENSÃO	1) Antes de instalar o produto, verifique se a tensão de rede elétrica é compatível com a tensão do equipamento
②	2) LIGAÇÃO	2) Após ligar espere 3 minutos que o compressor será acionado
? NÃO	3) ACIONOU?	3) Se não, chame a assistência tecnica (0800- 333444)
④ 3	4) CONGELAMENTO	4) Se temperatura ambiente estiver abaixo de 15º C o evaporador poderá congelar, mas o dispositivo de descongelamento éacionado automaticamente
? NÃO	5) ACIONOU?	5) Se não, chame a assistência tecnica (0800- 333444)
⑥ 5	6) LIMPEZA DO FILTRO	6) Toda segunda feira é preciso fazer a limpeza começando pelo filtro para evitar acúmulo de resíduos (verificar figura ilustrativa)
⑦	7) LIMPEZA DO RESERVATÓRIO	7) Limpe o reservatório (ver figura ilustrativa)
⑧	8) LIMPEZA DO EQUIPAMENTO	8) Para limpar o aparelho retire primeiro o plug da tomada e em seguida passe apenas um pano seco.

QUESTÕES CRÍTICAS	CAUSAS PROVÁVEIS	AÇÕES CORRETIVAS
A- EQUIPAMENTO NÃO FUNCIONA	NÃO HÁ ALIMENTAÇÃO ELÉTRICA	• Verifique se o equipamento está conectado • Verifique se o dijuntor da tomada está conectado • Verifique se o botão ON está acionado
B- VAZAMENTO DE ÁGUA	DRENO SEM TAMPA	• Verifique se o ponto de drenagem está com tampa
	RESERVATÓRIO MAL ENCAIXADO	• Verifique o posicionamento do reservatório de água

4.4.4 Dispersão

Entendida a questão da variabilidade, o próximo passo é cuidar da dispersão (largura da faixa entre os limites), lembrando, porém, que para tratar da dispersão é preciso que o processo esteja estável, caso contrário, vai ampliar a dispersão.

Para tanto, também podemos usar o MASP, mas muitas empresas utilizam o Seis Sigma, principalmente se a dispersão for de grande complexidade.

Sigma vem do alfabeto grego, símbolo utilizado pelos estatísticos para representar o desvio-padrão. A aplicação desta técnica, além de resolver problemas, pode tirar vantagem de uma oportunidade identificada.

Para ter ideia do que seja os Seis Sigmas, veja a tabela simplificada de conversão abaixo:

Se seus defeitos em um milhão de vezes é de:	Seu rendimento é de:	Portanto, você está operando com os seguintes sigmas:
690.000	30,9%	1,0
308.000	69,2%	2,0
66.800	93,3%	3,0
6.210	99,4%	4,0
320	99,98%	5,0
3,4	99,99%	6,0

Hoje em dia no Brasil, com poucas exceções, as empresas operam na faixa entre dois e três sigmas, que significa um nível de dispersão muito grande.

Por aí podemos perceber que temos muito chão pela frente. Imagine uma fábrica de perfumes, operando com três sigmas. Cada 1.000 frascos produzidos, 67 sairiam da fábrica com aroma diferente do original. Imagine que dispersão terrível!

O seu roteiro tem cinco etapas básicas: Identificar o problema, ouvir o cliente, Medir (fatos e dados), analisar as causas e implementar as ações.

Pande, Neuman e Cavanagh, estudiosos do Seis Sigma desenvolveram um roteiro muito didático, que mostra passo a passo sua implementação (ver fig. 14).

Fig. 14 - Roteiro dos Seis Sigmas

Projeto:	Data:	Nº
Grupo:	Facilitador:	

PROCESSO	1	• Eleger o problema • Identificar o processo • Fluxografar a cadeia com entradas e saídas chaves
NECESSIDADE	2	• Ouvir as necessidades do cliente • Buscar dados, observar tendências • Entender as exigências • Priorizar os requisitos
DESEMPENHO	3	• Comparar desempenho atual com os requisitos • Examinar Benchmarks • Limitar escopo e validar a meta
ANÁLISE	4	• Analisar as causas do problema • Identificar oportunidades de melhorar • Testar as soluções • Validar as hipóteses • Fazer o plano de ação
IMPLEMENTAÇÃO	5	• Executar o plano de ação • Definir responsabilidades pelo gerenciamento do processo • Repadronizar tarefas e atividades para sustentar a melhoria • Medir o novo desempenho

A introdução dos Seis Sigmas é um alvo a ser alcançado por toda liderança devido a sua importância na busca do conceito de empresa enxuta. Sua técnica não é difícil, isto é: não precisa ser estatístico para aplicá-la.

Para iniciar, escolha um Colaborador com bastante experiência na operação e transforme-o num Facilitador de Seis Sigmas através de um curso básico (faixa verde) para aprender a usar as ferramentas.

Feito isto, forme um Grupo de Trabalho, passe as noções básicas, como e quando vão se reunir, que dados vão levantar e que problemas vão atacar e que meta devem alcançar. (O primeiro problema deve ser relativamente simples para servir de treinamento).

Quando tiver que enfrentar problemas crônicos de maior complexidade, este Facilitador deve ser enviado para o curso de faixa preta, onde aprenderá a aplicar ferramentas estatísticas mais avançadas. (Gostaria de registrar que estas expressões de artes marciais vieram da Motorola).

Quando sua empresa tiver três ou quatro Facilitadores faixas preta, haverá um grande avanço na gestão, pois existirão vários grupos empenhados na melhoria e transformação do negócio.

No caso de dispersão, é recomendável começar com problemas que estejam afetando de forma importante as especificações do cliente, depois partir para outros.

Quando o problema for muito grande, é melhor subdividi-los em projetos menores para não levar muito tempo na execução.

4.5 Automação

Um fator extremamente importante na busca do conceito de empresa enxuta, após solucionar os problemas é automatizar as tarefas e atividades da cadeia de valor.

Cadeia de valor, também conhecida como cadeia de fornecimento ou fluxo de valor, é uma sequência lógica de processos (desde o fornecedor até o cliente), baseada num fluxo contínuo de tarefas e atividades, que vão agregando valor.

Esta sequência, na medida do possível, deve ser automatizada para dar agilidade, evitar erros humanos causados por distração, cansaço, esquecimento, etc., eliminar duplicidade de trabalho, reduzir custos, encurtar prazos e facilitar a medição dos itens de controle.

Porém, é preciso esperar a consolidação que vem através da capacitação, mudança de atitude das pessoas e aprendizagem de trabalhar em processo, solução de problemas, pois é temeroso investir em tecnologia para integrar processos ainda em fase de reestruturação.

Uma vez havendo condições, pode-se desenvolver ou buscar no mercado as inúmeras soluções de software de integração adequado a sua operação.

Como vocês sabem, a tecnologia de informação surgiu na década de 1960, com os tradicionais mainframes, processando dados em lotes (sistemas batch).

Na década de 1980, surge à plataforma cliente-servidor, que apesar de não alterar muito em termos de processamento de dados, ajudou bastante, principalmente às pequenas e médias empresas devido à grande quantidade de aplicativos para negócios e ao baixo custo de aquisição de hardware.

Mais adiante com o surgimento da internet, outra inovação tecnológica de grande impacto ampliou a variedade de aplicativos, trazendo soluções para o ambiente de negócios mais simples.

Atualmente está disponível no mercado, vários modelos de solução para integrar a cadeia de valor. As plataformas de

Supply Chain Management (Gerenciamento da Cadeia de Fornecimento), criadas na década de 1990, é um exemplo de modelo para integrar as atividades dos Processos de Negócios dos mais diversos tipos de atividades, quer sejam industriais, comerciais ou de serviços, de qualquer tamanho e com as mais variadas estruturas de comercialização, integrando as tarefas de ponta a ponta, passando pelas etapas de vender, planejar, comprar, produzir, entregar e faturar, fortalecendo o conceito de estrutura horizontal, efetuando de forma bastante eficaz o atendimento ao cliente.

A automação visa englobar todos os estágios de atendimento de um pedido permitindo a definição correta do prazo de entrega do pedido, redução de estoques, agilidade na execução, etc., ao mesmo tempo em que vão alimentando on-line todos os bancos de dados para a Gestão do Negócio.

Repito: não convém, porém, pensar em automação antes de resolver os problemas, eliminando os gargalos, as movimentações desnecessárias, os transportes desnecessários, as grandes variabilidades, perdas, etc. além de capacitar a equipe para trabalhar em processo integrado.

Aqui terminamos o capítulo de Processos cujo maior objetivo, é despertar a Liderança para transformar a organização numa empresa enxuta, capaz de viabilizar a estratégia sem carregar os custos de ineficiências, perdas, desperdícios e não conformidades para as costas do cliente.

O que isto significa?

a) Eliminar totalmente as perdas, desperdícios, não conformidades, etc.

b) Manter os processos estabilizados

c) Reduzir totalmente as dispersões (vamos aos seis sigmas)

Empresas com processos dotados das características acima descritas e operados por pessoas capacitadas e comprometidas, fazem produtos e serviços de qualidade, são muito competitivas, operam com altos índices de produtividade e alcançam ótimos resultados.

5 PESSOAS

Agora vamos discorrer sobre a parte mais sensível da Execução, que é a Gestão de Pessoas. Liderar pessoas constitui- se sem dúvida no maior desafio, porque como diz Magretta, antigamente quando o trabalho era uma questão de força física, podia ser organizado e especificado, e tudo que os trabalhadores tinham que fazer era executar as ordens recebidas cabendo aos supervisores garantir que fossem cumpridas.

Mas nos dias de hoje, não se pode exigir que o operador cumpra o padrão de procedimento, ele precisa voluntariamente querer cumprir.

A tecnologia, o nível de educação, o conhecimento e nível de informação das pessoas não são o mesmo de 50 anos atrás. Basta lembrar que naquela época, os automóveis eram montados por operários exaustivamente treinados, e hoje são montados por robôs operados por técnicos e engenheiros especializados.

A *Execução*, como vimos, é feita por pessoas operacionalizando os processos. Sem a contribuição voluntária delas, isto será impossível, porque a excelência no desempenho somente será realizado se houver motivação individual para cada um fazer sua parte.

Eis, portanto, o dilema: como motivar as pessoas neste sentido? Como conciliar as expectativas da empresa com as necessidades das pessoas, formando uma parceria dentro deste ambiente incerto, arriscado, competitivo e instável como é a economia de mercado?

Vamos lembrar o que disse o renomado psicólogo norte-americano Maslow, professor de Harvard na década de 1960.

5.1 Participação

Segundo Maslow, o ser humano é movido a desafios. Estão sempre à procura de algo que satisfaça as suas necessidades materiais e afetivas, numa escala que começa com as necessidades básicas, e à medida que estas vão sendo atendidas, outras vão surgindo, às vezes simultaneamente, e assim sucessivamente até sua auto realização.

Quando este pensamento passou a ser bem compreendido, foi dado novo rumo às práticas e políticas de Gestão de Pessoas, contribuindo significativamente para minimizar o dilema acima apontado.

As empresas começaram a criar melhores condições de convivência, tratando os Colaboradores com respeito e oferecendo condições para criação de uma parceria até então nunca pensada.

Cinco grandes medidas foram estudadas, desenvolvidas e aperfeiçoadas com o tempo, para sustentar o desempenho com a participação voluntária das pessoas:

1º) Ambiente

2º) Liderança

3º) Remuneração

4º) Crescimento

5º) Recompensa

5.1.1- Ambiente

As instalações de um modo geral e espaços onde são executadas as operações devem estar sempre limpas e organizadas. Os vestiários, banheiros e refeitório devem ser higienizados e compartilhados por todos sem distinção entre Gestores e Colaboradores. Não se pode conceber que no refeitório uns se sirvam em bandejas e outros se sirvam em pratos, e muito menos que a alimentação seja distinta, a não ser que seja por questão de balanceamento de calorias.

Certa vez, visitando uma usina siderúrgica no Japão, ao chegar ao saguão de entrada, fomos convidados a tirar os sapatos e calçar chinelos oferecidos a todos. Trata-se de um hábito cultural, mas todos nós pensamos: como circular por dentro de uma unsina siderúrgica de chinelos?

Fizemos o trajeto calçado desta maneira, e olhe que uma usina siderúrgica é um tipo de atividade impura, pois fundir sucata com minério para transformar em lingotes de aços e outros subprodutos não é bem um ambiente de laboratório farmacêutico, mas para a nossa surpresa, todos os locais de trabalho estavam limpos e organizados.

Entre uma área de trabalho e outra havia, pequenas praças com bancos para que os colaboradores pudessem tomar chá, beber água fresca, fumar e descansar por alguns instantes.

Vimos banheiros asseados, vasos de flores em mesinhas de centro, painéis de comunicação, foto de aniversariantes, etc. onde pudemos constar que é possível transformar um ambiente inóspito, num ambiente humanizado em respeito aos colaboradores que ali exercem as suas atividades.

Onde o ambiente é escuro, deve-se procurar ter iluminação artificial permanente ou troca de telhas por material transparente.

Se for muito barulhento, deve-se tentar baixar os níveis de decibéis ou oferecer protetores auriculares. Se for muito frio ou quente, solucionar com aquecedores ou ventiladores. Se tiver muito pó, oferecer máscaras, e assim por diante.

É preciso lembrar que boas condições de trabalho levam uma mensagem que a empresa se preocupa com o bem-estar de seus colaboradores, além de contribuir para o aumento de produtividade.

Nos locais que possam oferecer riscos, deve-se instalar dispositivos de anti-incêndio, antigases, hidrantes, portas corta-fogo, etc. Os colaboradores precisam trabalhar uniformizados, usando equipamentos de proteção individual, e quando as atividades forem manuais e repetitivas, o local de trabalho deve ser adaptado para evitar lesões musculares e a tantas horas de trabalho, deve haver um intervalo mínimo para descanso mental e físico.

E finalmente, não esquecer de que se o estabelecimento estiver localizado fora dos perímetros urbanos, à empresa deve dispor de meios para buscar e levar as pessoas até as estações mais próximas de trem, metrô e ônibus, reduzindo o tempo perdido entre suas casas e o trabalho, minimizando o stress provocado pelas distâncias e pelo trânsito.

5.1.2- Liderança

Este é um fator importante. Uma liderança equilibrada, persistente, participativa, envolvente e partidária da teoria Y de McGregor é o que toda organização precisa.

O estilo de liderança não deve ser autoritário, nem paternalista. O líder deve conhecer muito bem seus processos, mas paralelamente à sua competência técnica, deve ser extremante habilidoso no trato com as pessoas.

Não deve ser centralizador, mas respeitoso e orientador; gerar confiança, servir de exemplo, ser rigoroso com os resultados, mas paciente com as pessoas, e acima de tudo, ter senso de justiça em suas ações.

Que significa respeito às pessoas do ponto de vista da Gestão? Em primeiro lugar, aceitar que as pessoas são diferentes, têm formas de pensar, habilidade, talento e comportamentos diferentes. Como para o desempenho o ideal é ter a pessoa certa para realizar determinadas tarefas, cabe ao Gestor descobrir e investir naqueles que reúnam estes talentos e alocá-los na tarefa certa.

Na medida em que os Colaboradores convivam com este estilo de liderança, sentir-se-ão mais à vontade para realizar seus trabalhos e se envolverão mais no objetivo do negócio, porque esta relação estabelece uma confiança mútua, sem medos, gerando segurança e autoestima, primeiro passo para o comprometimento.

Sobre a questão de confiança, cada Gestor deve dizer: "Confiem em mim, que tudo que eu prometer será cumprido. Quero também que vocês confiem nos outros como desejaria que eles confiassem em você".

Tratado o assunto desta forma, a tendência é que eles irão se comportar em relação aos outros da mesma maneira como perceberão que os outros se comportarão em relação a eles e aí se estabelece a confiança.

Uma questão importante no perfil da Liderança é sua capacidade de comunicação. É comum ver líder que pouco se comunica e quando o faz, faz mal.

Trata-se de uma habilidade que precisa ser mais desenvolvida, porque a falta ou não saber se comunicar traz dissabores e prejuízo à imagem da empresa. Aprender a ouvir, saber dar feedback, trabalhar de portas abertas, estabelecer diálogo franco, construtivo, verdadeiro, cria um clima de cooperação valioso muito importante principalmente nos momentos de dificuldade.

Como já comentado, a economia de mercado é instável e arriscada. Às vezes, as vendas caem, é preciso reduzir custos, aumentar a produtividade, fechar filiais, etc., e aí entra o fator comunicação.

Estas medidas inevitáveis precisam ser muito bem comunicadas e de forma rápida. É um erro pensar que as pessoas não sabem o que está passando. Agir proativamente evita boatos indesejáveis.

Como dizem Calegari e Mantoan, o dano causado pelo retardamento de más notícias pode ser pior que as próprias notícias. Ao contrário, a regra também é válida: quantas boas intenções são malsucedidas porque não foram bem comunicadas, quantas boas políticas são mal interpretadas, devido a uma comunicação ineficaz?

Perante os colaboradores, o líder representa a empresa e sua atitude é reconhecida como o poder. O líder tem a responsabilidade indelegável de tratar sua equipe como se fosse o dono da companhia, com poderes para contratar, demitir, promover, capacitar, dar autonomia, avaliar desempenho, etc., baseado nas políticas e práticas da organização, mas também saber reconhecer e criar um ambiente de trabalho onde todos se sintam participativos, estimulados, e que possam ter orgulho de pertencer àquela instituição.

Jack Welch, o líder da GE, fonte de inspiração para muitos CEOs em todo mundo, classificava seus líderes em quatro categorias:

O tipo 1
Cumpre as metas e compartilha os nossos valores. O seu futuro não deixa dúvidas.

O tipo 2
Não cumpre as metas e não compartilha os nossos valores. O seu futuro não é promissor.

O tipo 3
Não cumpre as metas, mas compartilha os nossos valores. Estamos dispostos a lhe dar uma segunda chance

O tipo 4
Cumpre todas as metas, às vezes até supera, mas não compartilha nossos valores e sempre arranca desempenho, ao invés de inspirar seus colaboradores. Estes estão fora.

Ser líder é gratificante, mas é uma tarefa difícil, não é para qualquer um, por isto muitos profissionais competentes não querem ser líderes, preferindo continuar como técnicos, assessores. Na minha trajetória profissional, conheci muitos profissionais com este perfil.

A propósito, recentemente o jornal O Globo publicou uma matéria chamada: Não quero ser chefe, e agora?

O exemplo apresentado é de uma analista do mercado de capitais do Banco do Brasil que recusou um convite para ser Gestora da Seguradora de Saúde do próprio banco onde trabalhava.

O seu argumento foi:

"Ser Gestor implica em gerenciar não só as atividades do setor, mas as pessoas. Essa é uma tarefa árdua".
Realmente, motivar e permitir que os seus seguidores também brilhem, ter clareza de intenções, empatia e mentoria, fazer os processos funcionarem de forma eficiente, deixar os clientes satisfeitos e dar resultados, exige muita habilidade (ver fig. 15).

Fig. 15 - Liderança

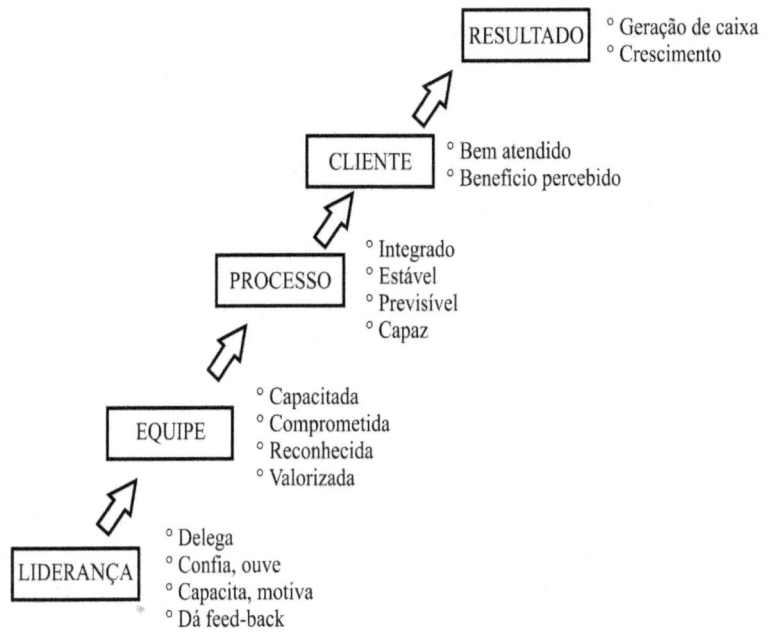

RESULTADO   ° Geração de caixa
  ° Crescimento

CLIENTE   ° Bem atendido
  ° Benefício percebido

PROCESSO   ° Integrado
  ° Estável
  ° Previsível
  ° Capaz

EQUIPE   ° Capacitada
  ° Comprometida
  ° Reconhecida
  ° Valorizada

LIDERANÇA   ° Delega
  ° Confia, ouve
  ° Capacita, motiva
  ° Dá feed-back

5.1.3 Remuneração

A remuneração é o meio pelo qual as pessoas satisfazem a primeira necessidade, chamada de básica na escala de Maslow, obtida pela retribuição do seu trabalho, dedicação, esforço, compromisso e uso de seus conhecimentos e habilidades na execução dos processos.

A empresa deve ter uma boa política de remuneração de seus Colaboradores no mínimo pela média de mercado, pesquisada periodicamente. Esta é a chamada remuneração fixa.

Adicionalmente, deve oferecer um valor variável como recompensa pelos resultados conseguidos no atingimento das metas de seus processos, somado a sua avaliação de desempenho individual.

No caso de remuneração adicional por cumprimento das metas, a empresa deve ser implacável. Cumpriu ganhou. Não cumpriu não ganhou, para não criar precedentes entre um Gestor e outro e evitar paternalismo. Meritocracia é a palavra-chave.

Também é considerada remuneração variável os benefícios oferecidos, tais como planos de saúde, planos de previdência privada, automóvel, aluguel, etc.

5.1.4 Crescimento

A busca permanente por estratégias que tragam vantagem competitiva à organização implica em pesquisa, compra ou desenvolvimento de novas tecnologias e aprimoramento de métodos de trabalho.

Esta busca requer um contínuo aperfeiçoamento do conhecimento das pessoas, para poder vencer os obstáculos que irão surgir, cada vez mais desafiadores.

A pessoa tem um enorme potencial a ser explorado, compete pois à empresa dispor de mecanismos para desafiá-lo, através de cursos, seminários, etc.

É um investimento com retorno assegurado, pois estará investindo em seu principal ativo que são seus colaboradores.

Além de agregar valor ao negócio e contribuir para o desenvolvimento de sua carreira, cria condições de empregabilidade, tema de relevada importância e muito valorizada pelos colaboradores.

5.1.5 Recompensa

O termo recompensa aqui referido trata da participação de todos nos lucros da companhia. A empresa que tiver esta iniciativa com certeza estará compreendendo de forma clara o sentido de parceria e criando um ambiente profundo de comprometimento de todos aos objetivos dos negócios.

Participação nos lucros não é remuneração variável. Esta é uma iniciativa voluntária da empresa como reconhecimento aos esforços de todos, desde os membros do Comitê Executivo até os Colaboradores.

A participação nos lucros só deve ser paga se atingida a meta dos Sócios (Acionistas), através de um percentual calculado sobre os resultados obtidos no período. Se for negativo, não há que se falar em distribuição. Se ficar abaixo do previsto, terá um percentual "x". Se atingir o previsto, terá um percentual "y" e se superar o previsto terá um percentual "z".

5.2 Cultura

Para finalizar este capítulo de Gestão de Pessoas, gostaria de ressaltar que as medidas acima pincelados contribuem para o bom desempenho dos processos, geram pertencimento e orgulho para todos, ms somente serão duradouras se a relação com os colaboradores estiver sustentada pela cultura organizacional.

Todas as empresas, assim como os povos, têm uma cultura, que é o seu propósito, a sua crença, a sua missão. É o modo institucional de pensar e agir perante Clientes, Colaboradores, Fornecedores e Sociedade, refletida na mentalidade que perdura na organização, através de atitudes e princípios comportamentais de seus integrantes, constituindo-se num diferencial em relação a concorrência e é visivelmente percebida pelos clientes.

Nenhuma organização será bem sucedida se não tiver estes princípios incorporados ao seu DNA e praticados na rotina diária da sua Liderança.

Princípios representam o conjunto de ideias que se transformam em convicção e que fazem parte do estilo da empresa. Quanto mais próximos das virtudes reconhecidas pelas pessoas, mais fáceis de serem entendidas.

Princípios de ética, cidadania, seriedade, compromisso, respeito e credibilidade são preceitos que devem estar internalizados na doutrina da empresa e pelas quais gostaria de ser reconhecida por todos.

Princípios são traduzidos em mensagens simples, usadas em todos os momentos, interna ou externamente, refletindo um discurso único da empresa. Devem ser repetidas em situações de desafios, sucesso ou fracasso servindo de estímulo e inspiração.

De seu conjunto de princípios, a empresa deve escolher uma ou mais frases que bem represente o pensamento sobre determinado tema para transmitir interna e externamente, por exemplo:

"Seriedade é nosso maior atributo". "Respeito por todos é nosso lema".

"Pensamos e agimos com senso de responsabilidade".

"Nosso fator crítico de sucesso é a satisfação dos Clientes".

"Parceria com os Colaboradores é a nossa forma de envolvimento e compartilhamento de riscos e resultados".

A empresa não deve escolher uma frase apenas por escolher e introduzir como filosofia, como crença, como valor.

O enunciado nasce daquilo que a Liderança crê, pratica, valoriza e todos veem refletidos em suas atitudes e comportamentos a cada momento.
Veja o exemplo de enunciado que a Volvo extraiu de sua carta de princípios implementado pelo seu ex-presidente Pehr Gyllenhammar, internalizado, praticado e percebido por todos durante décadas (hoje com a venda do controle acionário da Volvo, desconheço se o princípio continua sendo o mesmo)

"Toda pessoa que trabalha para a Volvo tem dois tipos de contratos: um visível e outro invisível. O visível especifica os termos formais de seu emprego, o pagamento, as condições de trabalho e responsabilidades gerais da função.

Mas o contrato invisível é um entendimento entre o trabalhador como pessoa e a Volvo como companhia sobre coisas como compromisso, sentir- se parte da equipe, direito de expressar o seu ponto de vista, direito de ser tratado com justiça e dignidade e a esperança de um futuro seguro. "

Como parte da cultura da organização, é preciso também, estabelecer as regras de convivência com Colaboradores, Clientes, Fornecedores e Sociedade, onde estará disposto de forma clara o pensamento da empresa a respeito do assunto.

Estas regras devem estar expostas num documento que fará parte dos contratos de trabalho e dos contratos com terceiros, onde a empresa informa o que considera conflito de interesse e que atitude ou comportamento seria inaceitável. Por exemplo:

1. Contratar empresas prestadoras de serviços ou fornecedores de material cujos proprietários ou sócios sejam parentes de empregados.

2. Dar gratificações ou presentes para clientes ou órgãos públicos em troca de pedidos.

3. Exercer atividades externas remuneradas sem conhecimento da empresa.

4. Participar de órgãos de classe ou partidos políticos.

5. Usar tecnologia de informação da empresa para fins particulares.

6. Receber propinas ou presentes de fornecedores acima de determinado valor.

Pode ser que nem todos concordem com algumas destas regras, mas enquanto colaborador, deve respeitá-las pois trata-se da cultura da organização.

6 RESULTADO

As vendas estão indo bem, sinal que a vantagem competitiva está dando certo, os indicadores operacionais apontam estabilidade dos processos, as perdas e não conformidades estão dentro dos parâmetros, os cronogramas dos planos de ação não revelam atrasos que possam comprometer as metas, então ao final de cada mês, vamos avaliar os resultados financeiros feita através da leitura e interpretação das demonstrações financeiras, para saber se estamos dentro da expectativa prevista.

6.1 Aprendizado

As demonstrações financeiras são peças contábeis originárias do registro das transações econômico-financeiras e retratam a posição patrimonial da empresa, os lucros ou prejuízos, e o fluxo de caixa dos negócios.

Não precisa ser contador para ter domínio destes demonstrativos. Todo Gestor tem a obrigação de aprender analisar e interpretar os números ali contidos, para verificar se os negócios sob o ponto de vista financeiro estão dentro do esperado, ou se precisamos tomar medidas corretivas.

A propósito deste aprendizado, em 1983, (estamos falando de 34 anos atrás) Jan Carlzon, Presidente da SAS, o implementador da "Hora da Verdade" em reunião com a equipe de treinamento, disse:

"Sabem, preocupa-me ver que os funcionários da SAS realmente não conhecem a situação da empresa em termos financeiros. Acho que não sabem de onde vem o dinheiro, para onde vai, quanto custa operar esta empresa e que influência eles exercem sobre o lucro. Quero que ensinem a todos como ler o balanço e a demonstração de resultados da empresa. "

E assim foi feito. Todos passaram por um aprendizado da matéria e pouco tempo depois que este assunto virasse manchete, a gigante British Airways realizou programa semelhante, treinando os 37 mil funcionários da época em todo mundo (ver Albrecht, Karl).

Não precisamos chegar ao exagero da British Airways, mas todas as empresas deveriam realizar seminários semelhantes para seus Gestores, porque este aprendizado, entre outras coisas, vai permitirpelo menos, um controle de custos mais eficaz, uma avaliação mais correta dos investimentos e medidas mais eficazes para gerenciamento do capital de giro empregado nos negócios.

Conheci um grupo de médicos que resolveu montar uma clínica luxuosa, com várias especialidades e quebraram porque não conseguiram prever o rombo no caixa que impediu o término da obra.

Disseram na época: "Somos renomados médicos, fomos formados para salvar vidas e não para analisar planilha de gastos, balanços, fluxo de caixa. Este é um assunto de contadores, que deveriam nos alertar".

Até concordo que os contadores deveriam alertar, mas vamos lembrar que se você é sócio ou tem uma posição de liderança na organização, tem que pensar como Gestor, não importa se sua formação acadêmica é de engenheiro, físico nuclear, advogado, médico ou professor de filosofia.

Pensar como Gestor significa saber desenvolver estratégias, lidar com clientes, processos, pessoas e com finanças. O Gestor não precisa e não deve ficar aguardando que os contadores façam um alerta sobre algo que passa em relação ao negócio sob sua responsabilidade.

Voltando ao assunto, vamos falar sobre apuração de custos da operação, que é o primeiro passo para elaborar aquelas demonstrações.

6.2 Custo

Para um bom gerenciamento, todos os gastos incorridos na empresa devem ser imputados ao processo que deu origem, ou seja, que demandou o gasto.

À medida que as faturas e contas vão sendo recebidas, conferidas e encaminhadas para pagamento, são codificadas segundo um plano denominado Centros de Custos, permitindo que cada Gestor possa acompanhar dia a dia os valores de gastos lançados no seu Centro de Custo, se assim desejar, e ao final do mês, pode comparar o montante de gasto acumulado com o valor previsto no Plano Operacional.

Existem alguns gastos administrativos, como por exemplo, o material de escritório, limpeza, segurança patrimonial, telefonia, etc., que muitas empresas utilizam o critério de rateá-los entre os Centros de Custos usuários, porque não vale a pena ter um procedimento para medir o consumo por processo.

Minha recomendação é que estes gastos sejam alocados no processo que tem a responsabilidade de gerenciá-los, porque o critério de rateio muitas vezes não demonstra a importância devida, visto que o Gestor que recebe o rateio tem sempre a tendência de pensar que nada pode fazer a respeito, pois trata-se de algo fora de seu controle e irrelevante para receber atenção.

Ao passo que se estes gastos forem alocados no Processo de Serviços Administrativos, por exemplo, o responsável terá a dimensão exata da importância doseu volume e pode influir na negociação para reduzir seus valores ou buscar alternativas mais interessantes, enfim fazendo um gerenciamento mais eficaz.

Classificação

Pela raiz do código do Plano de Centros de Custos, os gastos vão para os respectivos processos, classificados em quatro grupos, senão vejamos:

Grupo 1 -Gastos Diretos de Produção
Aqueles alocados nos subprocessos: Planejar, Moldar, Montar, Acabar e Embalar, segundo o exemplo de nossa Estrutura Organizacional.

Grupo 2 - Gastos Indiretos de Produção
Aqueles alocados nos Processos: Desenvolvimento, Manutenção e Suprimentos.

Grupo 3 - Gastos Comerciais
Aqueles alocados nos Processos: Gerar Demanda, Entregar e Avaliar.

Grupo 4 - Gastos Administrativos
Aqueles alocados no Comitê Executivo, Recursos Humanos, Marketing, Assessoria Jurídica, Auditoria Interna, Contabilidade, Finanças, Informática e Serviços Administrativos.

Os gastos financeiros não são alocados a nenhum Centro de Custo, porque se considera um custo das fontes de financiamento do negócio e seu gerenciamento é feito pelo Comitê Executivo baseado nas regras estabelecidas para endividamento da empresa.

A fig. 16 traz um exemplo da planilha que é gerada após o fechamento das operações contábeis do mês demonstrando os gastos por processos.

Fig. 16 - Planilha de Gastos

PLANILHA DE GASTOS

UNIDADE R$:   MÊS:

GASTOS DIRETOS	Centro de Custo		Centro de Custo		Centro de Custo		Centro de Custo		Total	
	Previsto	Realizado	Previsto	Realizado	Previsto	Realizado	Previsto	Realizado	Previsto	Realizado
SALÁRIOS	1.000	950	600	620	2.000	2.010	1.500	1.400	5.100	4.980
ENCARGOS SOCIAIS	400	380	240	250	800	810	600	560	2.040	2.000
MATERIAL DE MANUTENÇÃO	300	360	80	85	200	200	120	40	700	685
SERVIÇOS DE TERCEIROS	100	100	50	55	100	120	0	20	250	295
ENERGIA ELÉTRICA	150	140	100	118	130	140	50	60	430	458
EMBALAGEM	0	0	0	0	100	110	240	250	340	360
GÁS	0	0	10	12	50	60	70	70	130	142
DEPRECIAÇÃO	60	60	40	40	60	60	100	100	260	260
TOTAL	2.010	1.990	1.120	1.180	3.440	3.510	2.680	2.500	9.250	9.180

Fazer uma planilha por origem de gasto: **Diretos, Indiretos, Comerciais e Administrativos.**
Fazer uma planilha para gastos do mês e outra para o acumulado.

Custeio da Produção

Mensalmente, para valorizar os bens e serviços que forem vendidos e também para a parcela que vaficar no estoque, é feita uma uma apuração de custos, baseada na seguinte metodologia:

Primeiramente, registra-se o consumo das matérias-primas empregadas, que saem do estoque a preço médio de compra. Em seguida adiciona-se os valores de gastos diretos acumulados nos respectivos centros de custos de produção de cada linha.

Em muitos países, o custeio da produção termina por aqui, considerando apenas o consumo das matérias primas mais os gastos diretos. Os gastos indiretos de produção são considerados despesas correntes.

No Brasil, a legislação do imposto de renda não permite que os gastos indiretos de produção sejam considerados como despesas correntes, porque a empresa estaria deduzindo do lucro tributável, parte dos custos de produtos ainda não vendidas, ou seja que permanecem em estoque.

Devido a esta obrigatoriedade, estabeleceu-se então a prática de rateá-los os custos diretos dos processos, utilizando-se dos mais diversos critérios, terminando por gerar distorções, pois é sabido que que a carga de gastos indiretos não incide de forma igual ou proporcional a todos os produtos.

Em 1980, quando Robert Kaplan, o autor da ferramenta *balance score card* (utilizada para demonstrar os objetivos do Planejamento), desenvolveu em conjunto com Robin Cooper um método batizado de ABC (*activity-based costing*), cuja finalidade era identificar através de rastreamento, o agente causador do gasto indireto, para lhe imputar o valor, eliminando as distorções provocadas pelo rateio arbitrário.

Qual a lógica do ABC? Abrir os Gastos Indiretos por atividades e posteriormente atribuir os custos destas atividades aos centros de custos usuários, porque se pressupõe que toda atividade tem um custo e quem as consumir tem que pagar.

Para que os custos destas atividades sejam atribuídos aos diversos centros de custos, é necessário criar direcionadores. Vamos ver um exemplo: cada vez que um determinado centro de custo, silicita um serviço de manutenção, é aberta uma Ordem de Serviço para fazer o atendimento.

As horas gastas naquela O.S. são registradas e ao final mês, valorizadas e transferidas para o demandante do serviço. O direcionador, portanto, é a Ordem de Serviço.

Assimsendo, cada centro de custo classificado como gasto indireto de produção deve ter um direcionador, que vai servir de base para transferir o custo da atividade para o centro de custodemandante.

Voltando então a metodologia, uma vez concluída a apropriação dos gastos indiretos, temos todos os elementos para calcular o custeio da produção conforme modelo simplificado da fig. 17

Fig. 17 - Custeio da Produção

PLANILHA DE CUSTO DE PRODUÇÃO						Mês:
SUBPROCESSO:						**Unidade R$**

DETALHE:	PRODUTO A		PRODUTO B		PRODUTO C	
	PREVISTO	REALIZADO	PREVISTO	REALIZADO	PREVISTO	REALIZADO
PRODUÇÃO: • Quantidades produzidas	1.500	1.550	4.000	4.300	7.000	7.200
CONSUMO MAT. PRIMA:						
• Matéria Prima X	13.000,	13.200,	25.200,	28.400,	81.000,	82.500,
• Matéria Prima Y	11.300,	11.500,	21.200,	24.000,	54.000,	54.000,
• Matéria Prima Z	8.200,	8.300,	9.600,	12.100,	45.000,	45.500,
SOMA	32.500,	33.000,	56.000,	64.500,	180.000,	182.000,
GASTOS DIRETOS: • Transferido da Planilha de Gastos	12.700,	12.600,	22.000,	25.800,	75.000,	72.000,
GASTOS INDIRETOS: • Transferido da Planilha de Gastos através dos direcionadores	19.300,	19.500,	34.000,	38.700,	109.000,	106.000,
SOMA	64.500,	65.100,	112.000,	129.000,	364.000,	360.000,
CUSTEIO DOS PRODUTOS	43,00	42,00	28,00	30,00	52,00	50,00
OBS: Fazer uma planilha para o mês e outra para o acumulado.						

134

6.3 Demonstrações

Apurado o custo dos produtos vendidos, vamos as demonstrações financeiras. Como vimos, o registro de todas as transações econômico-financeiras feita pela Contabilidade, classificadas segundo um Plano de Contas, resultam num banco de dados donde são extraídas as informações para montagem das Demonstrações.

Alguma empresa tem por hábito, fazer dois modelos de demonstrações: uma para fins externos, com todo o rigor técnico das leis fiscais e legais; e outra para fins internos de gestão, utilizando linguagem e disposição gráfica mais apropriada.

Penso que isto é perda de tempo e aumento de custos. A Contabilidade deve ter apenas um único banco de dados gerenciado com requisitos de integridade, confiabilidade e comparabilidade, extraindo dali as informações para qualquer finalidade, sem necessidade de ter duas fontes de dados.

A tecnologia de informação dispõe de softwares cada vez mais sofisticados para fazer este trabalho sem o risco de inconsistência de valores e o resultado final será sempre o mesmo, porque virão da mesma fonte.

Com relação à qualidade das informações, que é a questão mais importante, a equipe contábil deve ter os seguintes cuidados:

1. As operações têm que ser registradas no período de competência, isto é, o gasto do mês tem que ser contabilizado no mesmo mês e não no mês seguinte.

2. As contas precisam ser conciliadas dia a dia, mês a mês, para garantia da integridade. Os inventários de materiais e produtos devem ser realizados de forma rotativa, buscando-se as causas das eventuais diferenças, através do tratamento de anomalias e corrigidas dentro do mês, evitando ajustes fora de época.

3. Qualquer prejuízo potencial deve ser provisionado para que as contas espelhem o real valor patrimonial da empresa.

4. A entrega das demonstrações deve ser feita rigorosamente no prazo e no máximo dentro de cindo dias do mês seguinte.

5. Se no final do mês a Contabilidade não tiver recebido os dados de todas as transações, deve provisioná-los e também, via tratamento de anomalias, identificar a causa ou causas destes atrasos.

Não se concebe fazer a gestão financeira de uma empresa baseada em demonstrações entregues 15 ou 20 dias após encerrado o mês.

É um prazo tardio para qualquer ação preventiva ou corretiva. O modelo a ser seguido por todas as empresas deve ser aquele dos bancos, que fazem fechamento contábil diário, tendo prontas as demonstrações financeiras no segundo dia do mês seguinte ao fechamento do mês.

A fig.18 apresenta um conjunto de demonstrações financeiras de forma bastante simples, para entendimento dos conceitos

Fig. 18 - Demonstrações Finaceiras

RESULTADO	BALANÇO	CASH-FLOW
RECEITA BRUTA (-) Descontos concedidos (-) Impostos sobre Vendas (-) Frete de Entregas **RECEITA LÍQUIDA** (-) Custo dos Prod Vendidos **MARGEM** Gastos Comerciais Gastos Administrativos Gastos Financeiros Depreciação dos Ativos **LUCRO** (-) Imposto de Renda **LUCRO LÍQUIDO** (+) Depreciação dos Ativos **GERAÇÃO DE CAIXA**	**ATIVO** **INVESTIMENTOS** **CAPITAL DE GIRO** Caixa Faturas a Receber Estoques (-) Faturas a Pagar (-) Salários a Pagar (-) Impostos a Pagar (-) Emprest Cap de Giro Soma **ATIVO FIXO** Imóveis Instalações Equipamentos (-) Provisão Depreciações Soma **TOTAL INVESTIMENTOS** **PASSIVO** **FONTES DE RECURSOS** **CAPITAL DE TERCEIROS** Financ Imóveis Financ Instalações Finac Equipamentos Soma **CAPITAL PRÓPRIO** Capital Reservas Soma **TOTAL FONTES DE RECURSOS**	**ENTRADAS** Faturas a Receber Emprest Cap de Giro Soma **SAÍDAS** Faturas a Pagar Salários a Pagar Impostos a Pagar Emprest Cap Giro a Pagar Soma **CASH-FLOW OPERACIONAL** (+) Aumento Capital (+) Novos Financiamentos (-)Parcelas Financ a Pagar (-) Lucros a Distribuir Soma **CASH-FLOW LÍQUIDO**

Resultado

Este quadro expressa o lucro ou perda de cada negócio ao final de cada mês e, consolidado para conhecer o resultado da empresa como um todo. Inicia com a receita bruta, título dado à somatória de todas as faturas emitidas no mês, deduzidos os gastos e impostos incidentes sobre aquele faturamento, para se obter a receita líquida.

Em seguida, desconta-se o custo de produção daqueles bens e serviços faturados no mês, para conhecer a margem, que representa a contribuição para absorver o overhead (despesas comerciais e administrativas).

Deduzidas as despesas mais a parcela de depreciação dos ativos, chega-se ao Lucro ou Prejuízo. No caso de lucro, deve-se provisionar um valor para pagar o imposto de renda devido e assim obter o lucro líquido.

A última linha, chamada Geração de Caixa (EBDA), número esperado pelos sócios da empresa, é a soma do lucro líquido mais a depreciação dos ativos.

Balanço

O balanço é uma demonstração do patrimônio da empresa constituída de duas partes: A do lado esquerdo, chamada de Ativo, recebe o registro dos valores investidos em capital de giro e ativo fixo; e a do lado direito, chamada Passivo, recebe o registro das fontes de financiamento do Ativo, que pode vir de capital próprio, de financiamenos ou de ambos.

Cash Flow

O fluxo de caixa é a planilha que demonstra a movimentação do caixa dos negócios. Deve ser projetada para seis meses e revisada mensalmente. Um gerenciamento eficaz do fluxo de caixa vai permitir fincar os pés no chão como dizem os homens de finanças, não gastando ou investindo em momentos não recomendados.

É um demonstrativo muito simples, parte-se do saldo de caixa atual, somam-se as previsões de recebimento das faturas e deduzem-se as previsões de pagamento da Folha, Fornecedores, Impostos, Empréstimos bancários, etc.

Se a sobra for positiva, estamos dentro do previsto. Se a sobra for negativa, há que fazer uma análise mais profunda do equilíbrio financeiro do negócio para saber se é necessário postergar alguns compromissos, recorrer a empréstimos bancários ou injetar capital.

O objetivo deste demonstrativo é acompanhar de perto a posição do caixa da empresa, afim de evitar assumir compromissos que não estejam dentro da capacidade de pagamento e também não entrar num processo de endividamento acima de níveis pré-estabelecidos, pois os juros de financiamento não são baixos e reduzem a lucratividade dos negócios.

Gerenciamento:

No início de cada mês, em uma de suas reuniões de rotina, o Comitê Executivo em companhia dos Gestores de Macroprocessos de Negócios, dedicam um tempo a analisar os demonstrativos e compará-los com o previsto no Plano Operacional.

Inicia-se pela análise dos custos de produção, olhando as respectivas planilhas comparando-se o comportamento do mês em relação ao previsto. Em caso de variabilidade expressiva, verifica-se as medidas corretivas recomendadas pelos Gestores.

A seguir examina-se a taxa de retorno de investimentos, cuja comparação não deve ser vista isoladamente, porque vamos supor que uma determinada empresa tenha uma Geração de Caixa anual de cinco milhões, considerado um excelente número, mas se ela investiu 150 milhões no negócio, esse número já não é tão excelente, como parece.

Precisamos então de outro indicador, chamado Pay Back que é obtido pela divisão do investimento (capital de giro mais ativo fixo) pela Geração de Caixa, cujo quociente nos indicará o tempo necessário para reaver o investimento, demonstrando se estamos tendo uma performance excelente, boa ou razoável, comparada com os parâmetros do setor em que atuamos. Claro que esta performance também deve ser avaliada levando em conta se estamos operando:

1º) No nível "ótimo" de rentabilidade,

2º) No limite da capacidade instalada,

3º) De acordo com o percentual de market share (participação de mercado) previsto.

Feito isto, passa-se a avaliação de outros indicadores tais como: rentabilidade, overhead, liquidez, nível de endividamento, etc.

6.4 Indicadores

Das demonstrações e planilhas apresentadas, pode-se extrair dezenas de indicadores para o gerenciamento dos negócios. Separei aqueles que considero mais importantes, conforme comentado e que veremos resumidamente trabalho na fig. 19.

Fig. 19 - Indicadores

INDICADORES		Mês:
FÓRMULAS	**ÍNDICE**	**SIGNIFICADO**
Retorno de Investimento $\dfrac{\text{Geração de Caixa}}{\text{Capital Próprio}}$	%	Retorno sobre o capital próprio (quanto maior melhor)
Pay Back $\dfrac{\text{Capital de Giro} + \text{Ativo Fixo}}{\text{Geração de Caixa}}$	Meses ou anos	Tempo necessário para reaver o investimento (quanto menor melhor)
Rentabilidade $\dfrac{\text{Lucro Líquido}}{\text{Receita Líquida}}$	%	Quão rentável é o Negócio (quanto maior melhor)
Overhead $\dfrac{\text{Gastos comerciais} + \text{e Administrativos}}{\text{Receita Líquida}}$	%	Participação dos gastos fixos sobre as vendas líquidas (quanto menor melhor)
Endividamento $\dfrac{\text{Capital de Terceiros}}{\text{Capital Próprio}}$	Pontos Perc.	Nível de Empréstimos e financiamentos sobre o capital próprio (quanto menor, melhor)
Liquidez $\dfrac{\text{Caixa} + \text{Faturas a Receber} + \text{Estoques}}{\text{Faturas a pagar} + \text{Salários a pagar} + \text{Impostos as Pagar} + \text{Empréstimos para} + \text{Capital de Giro}}$	Pontos Perc.	Capacidade em honrar os compromissos de curto e prazo (quanto maior, melhor)

CONCLUSÃO

Aqui termino de expor o que tinha em mente sobre Gestão de Negócios e espero ter despertado em cada um de vocês, a necessidade de reflexão para aperfeiçoar seus atuais métodos de trabalho (para aqueles que já são Gestores) e um interesse nos estudantes que desejam abraçar a carreira.

Estudem e se aprofundem nas técnicas e conceitos aqui resumidamente apresentados, que tenho certeza, serão de fundamental importância para suas metas de crescimento e para melhoria de performance das empresas em que atuam.

Ao nos depararmos com a quantidade de tabelas, gráficos, planilhas e arquivos, de imediato vem a cabeça uma grande burocracia, o que não é verdade.

Esses instrumentos já são de uma forma ou outra, utilizados pelos Gestores, no seu dia a dia, mas não necessariamente impressos em papel. Os dados são imputados quase sempre de forma automática nos aplicativos e programas próprios desenvolvidos para tal finalidade, de modo que as informações são processadas e formatadas instantaneamente para que o Gestor possa rapidamente tomar conhecimento da situação e se for o caso, agir de maneira tempestiva.

Como comentei no capítulo 4, o grande desafio do Gestor é fazer a máquina funcionar devidamente azeitada, com apoio voluntário de suas equipes depois é claro de haver criado a vantagem competitiva, razão do êxito e continuidade dos negócios.

No capítulo 5 está o fator crítico de sucesso. Gestão de Pessoas. É ali onde necessitamos de uma extrema habilidade, para criar uma harmoniosa parceria, fundamental e decisiva para conciliar os interesses do negócio com o interesse das pessoas.

As técnicas e ferramentas apresentadas, de maneira bem sucinta conforme objetivo traçado merecem estudo e aprofundamento na medida em que a empresa tenha um problema daquela natureza ou queira mudar a prática utilizada, visando melhorar o desempenho.

A Gestão de Negócios é uma atividade que a cada dia ganha importância. Não basta apenas a tecnologia, é preciso habilidade para coordenar todos os elementos mostrados na Visão Sistêmica para alcançar o objetivo desejado.

Os prejuízos, os erros, a morosidade, os acidentes e os desvios que costumamos ver diariamente nas empresas principalmente nas públicas, não é por falta de tecnologia ou de recursos.

Na maioria das vezes, é simplesmente por falta de conhecimento de gestão e de bom senso. Expertise em gerir negócios ou a coisa pública é a grande lacuna existente no mundo corporativo.

Concluo falando dos avanços ocorridos nos últimos vinte anos na gestão dos negócios, destacando o que melhorou e o que ainda merece esforço.

Avanços

O maior avanço sem dúvida ocorreu na área da tecnologia de informação, que desenvolveu e continua desenvolvendo as mais variadas soluções para todos os modelos de negócios, por meio de uma infinidade de aplicativos,visando facilitar e criar novas maneiras de comprar, produzir e vender.

Os ganhos decorrentes de automação agilizaram os processos, melhoraram o resultado das operações, reduzindo custos e trouxeram mais informação para a gestão, dada a rapidez no processamento de grandes volumes de dados possibilitando decisões mais acertadas e na hora adequada, fator de grande importância num ambiente de competição acirrada.

Nessa esteira, devemos registrar a tecnologia aplicada às redes de telecomunicação, que veio encurtar distâncias facilitando em muito o relacionamento entre as partes, tanto na transmissão de voz como de dados, através dos aparelhos portáteis (celulares, smartphones, tablets, etc.).

O movimento pela qualidade também avançou muito e é com alegria que notamos (embora timidamente) ter penetrado nos serviços públicos, onde o conceito de cliente, planejamento e metas eram inexistentes.

Não poderíamos deixar de registrar a enorme contribuição do SEBRAE, que vem ensinado as pequenas e médias empresas a empregar técnicas e ferramentas de gestão, contribuindo para reduzir a alta taxa de mortalidade destas empresas nos primeiros anos.

Importante destacar também a enorme contribuição da ENDEAVOR que vem promovendo a cultura empreendedora em todo país.

Do ponto de vista interno, também notamos melhoras de uma forma geral nas condições de trabalho, remuneração, liderança, gerando comprometimento dos colaboradores com os objetivos do negócio.

Verificamos dentro das empresas, o crescimento dos programas de tratamento de alcoolismo e de drogas, programa elaborados para redução de acidentes, criação de universidades próprias ou conveniadas para formação acadêmica das equipes, construção de estruturados centros de treinamento, envio de profissionais para capacitação avançada escolas do país e do exterior.

Vemos também o crescimento do grande número de empresas que começaram a distribuir parte de seus lucros aos colabordores como forma de reconhecimento de sua contribuiçã, fortalecendo os laços entre as partes.

Também notamos uma expressiva atuação no desenvolvimento de projetos privados de apoio as comunidades carentes, políticas de melhoria ambiental, treinamento de cidadãos para serem os políticos do futuro, demonstrando enfim, que além de pagarem altos impostos, as empresas estão contribuindo para a melhoria das condições sociais do país.

A Gestão melhorou um pouco neste período, é necessário evoluir mais, mas de regra geral os profissionais têm buscado aprimorar seus conhecimentos gerenciais, estudar outras línguas, preparando-se para atuar numa economia globalizada.

No entanto, devemos reconhecer que ainda temos um longo caminho a percorrer especialmente a meu ver em três frentes primordiais: atendimento, competitividade e produtividade.

Atendimento

Essa é uma questão ainda não resolvida especialmente nas operações de bens de consumo e serviços. Falta seriedade, educação, respeito ao contratado, (ver o alto volume de registros no Procon) falta verdade no relacionamento, cumprindo o que se promete, agilizando a solução das reclamações.

Não basta apenas ter um slogan de bom atendimento, mas perseguir o conceito de serem verdadeiramente empresas voltadas para o cliente. A solução deve vir de educação e treinamento.

Competitividade

Em paralelo a evolução notada na gestão dos negócios, há um fator de alta relevância, que evoluiu muito pouco e vem limitando o crescimento e a rentabilidade das empresas e por consequência, do país.

A competitividade, é a capacidade de qualquer organização cumprir sua missão com êxito, atuando numa economia aberta e em condições iguais de meios e recursos.

Embora tenhamos que olhar a competitividade por segmento, porque as condições não são uniformes, é inaceitável constatar que um churrasco nos EUA custe mais barato que em São Paulo, se considerarmos que o Brasil é o maior exportador de carne do mundo.

Em relação a este assunto, pesquisa recente indica que São Paulo, que faz parte de um país emergente, é a 10a capital mais cara do mundo, ao passo que Nova York é a 329a.

Outro exemplo: não dá para entender como os asiáticos vendem chapas de aço no Brasil custando 40% mais barato, considerando que importam o minério de ferro daqui.

São inúmeros os exemplos e as causas são conhecidas por todos, mas as contramedidas são lentas, se arrastam ano, após ano. A baixa taxa de investimento em relação ao PIB é uma das razões principais, pois nos coloca no vergonhoso 22º lugar do ranking da América Latina e Caribe. Enquanto comemoramos os nossos 18% de investimento (igual à Bolívia), parceiros emergentes como a Índia atinge 30% e China 45%.

São também causas, entre outras, a falta de infraestrutura, o custo dos serviços públicos, o câmbio, a inflação, a burocracia, a elevada carga tributária tão comentada, as taxas de juros e a baixa produtividade da mão de obra, cujas ações, estão previstas nas chamadas reformas estruturais, que não saem do papel.

Produtividade

Produtividade significa em resumo, produzir mais com menos. Um levantamento recente feito pela instituição de pesquisa americana The Conference Board com 17 países da América Latina mostrou que a produtividade do trabalhador brasileiro medida pelo quociente entre o PIB e pessoal ocupado, está entre as mais baixas, ou seja, na 15a colocação, perdendo para

Argentina, Colômbia, Venezuela, entre outros.

Esta pesquisa mostrou também que a nossa produtividade é um quinto da americana. Grosso modo, é como se o trabalhador daqui demorasse cinco dias para produzir o mesmo que o trabalhador americano produz num dia. Entre várias causas, a principal é a defasagem de investimento na educação da população.

Para cobrir esta lacuna as grandes empresas assumiram o ônus, aplicando altas soma de recursos no treinamento de seus Colaboradores.

Aqueles que não tiveram essa chance acabam migrando para a economia informal ou empregos de baixo valor, o que demonstra a péssima qualidade de serviços que temos no país e a baixa produtividade. Quer um exemplo? Tente contratar um serviço de manutenção ou peça um serviço delivery.

PIB baixo, emprego em alta, só tem uma explicação: estamos completamente na contramão. Produzindo menos com mais. Melhorar a produtividade da mão de obra brasileira é uma tarefa extremamente urgente. Não temos mais tempo para esperar. Um país que tem a 7ª economia do mundo não pode se contentar com a 75ª posição do ranking mundial em produtividade.

Podemos apresentar todas as desculpas, que somos calcados na produção de commodities, que não investimos em produtos de maior valor agregado, etc. etc, mas a verdade é que é neste mercado que temos que competir. Não há escolha.

Futuro próximo

Dentro de alguns anos, - bem mais breve do que possamos imaginar, - o mundo dos negócios passará por profundas transformações em função do avanço tecnolólgico. Novos hábitos de consumo, novas necessidades, novas exigências, exigirão mudanças radicais na forma de comercializar, produzir e servir ao cliente, levando a reformulação total dos conceitos até então existentes.

Os Gestores das empresas terão que inovar, inovar, inovar, mudar metodologia, criar alternativas, se reinventar, desenvolver novos modelos de negócios, para sobreviver num ambiente que será ainda mais competitivo.

Problemas de atendimento, competitividade e produtividade que comentamos nos parágrafos anteriores, não tem mais prazo de espera, ou soluciona ou perde mercado e fecha as portas.

As Universidades necessitam também de mudanças urgentes em seus processos de educação para reduzir o vácuo entre a tecnologia e a formação de profissionais que poderão não ter emprego, num ambiente de robótica e inteligência artificial por exemplo. Enquanto a tecnologia voa, a educação segue a passos lentos, provocando uma defasagem irreparável. Este é o cenário que nos aguarda.

BIBLIOGRAFÍA

ALBRECHT, Karl. *Programando o Futuro*. Makron Books Editora, 1994.

ALBRECHT, Karl. *Revolução nos Serviços*. Pioneira Editora, 1992

BOSSIDY, LARRY. *Execução*. Editora Campus, 2005.

CALEGARI e MANTOAN. *Caminhos para uma Gestão de Resultados*. Telema, 1995.

CHIAVENATO, Idalberto. *Gestão de Pessoas*. Elsevier Editora, 2010.

DE SORDI, José Osvaldo. *Gestão por Processos*. Editora Saraiva, 2005

DRUCKER, Peter Ferdinand. *A Administração*. Editora Nobel, 2001.

EUREKA, William E. *QFD*. Qualitymark Editora, 1992.

FALCONI, Vicente. *O Verdadeiro Poder*. Editora Falconi, 2009.

HAMMER, Michael. *A Agenda*. Editora Campus, 2002.

ISHIKAWA, Kaoru. *Controle de Qualidade Total*. Editora Campus, 1993.

MAGRETTA, Joan. *What Management Is*. Editora Campus, 2002.

MASLOW, Abraham Harold. *Maslow on Management*. Qualitymark Editora, 2000.

MOURA, José Aristides A. *Os Frutos da Qualidade*. Makron Books Editora, 1993.

PORTER, Michael Eugene, *Estratégia Competitiva*. Editora Campus, 2005.

RIES, Al. *Foco*. Makron Books, 1996.

RIES, Eric. *A Startup Enxuta*. Editora Leya, 2012.

RODRIGUES, Marcos Vinicius. *Sistema de Produção Lean Manufacturing*. Editora Campus, 2014.

SLATER, Robert. *Guia Prático do Estilo Jack Welch*. Negócio Editora, 2000.

VASCONCELOS FILHO, Paulo; PAGNONCELLI, Dernizo. *Construindo Estratégias para Vencer*. Editora Campus, 2001.

WALTON, Mary. *O Método Deming de Administração*. Editora Marques Saraiva, 1989.

YOSHIMOTO, Tsikara. *Qualidade, Produtividade e Cultura*. Editora Saraiva, 1992.

PALESTRAS

Que tal aplicar o conceito da **Visão Sistêmica** dentro da sua empresa? Gostou da idéia? Entre em contato para obter informações sobre palestras *in company*.

Amaury Cordeiro de Oliveira
amauryoliveira755gmail.com